农民专业合作社 政 策 导 读

陈林祥　主编

中国海洋大学出版社

·青岛·

图书在版编目（CIP）数据

农民专业合作社政策导读／陈林祥主编．—青岛：
中国海洋大学出版社，2014.4（2021.7 重印）

ISBN 978-7-5670-0575-4

Ⅰ．①农… Ⅱ．①陈… Ⅲ．①农业合作社－专业合作
社－农业政策－基本知识－中国 Ⅳ．① F321.42

中国版本图书馆 CIP 数据核字（2014）第 062657 号

出版发行	中国海洋大学出版社
社　　址	青岛市香港东路 23 号　　　邮政编码 266071
出 版 人	杨立敏
网　　址	http://pub.ouc.edu.cn
电子信箱	dengzhike@sohu.com
订购电话	0532－82032573（传真）
责任编辑	邓志科　　　　　　　　　　电　　话 0532－85901040
印　　制	日照日报印务中心
版　　次	2014 年 4 月第 1 版
印　　次	2021 年 7 月第 6 次印刷
成品尺寸	170 mm × 240 mm
印　　张	14.5
字　　数	245 千
定　　价	42.00 元

　　十一届三中全会后，我国农村广泛实行了家庭联产承包经营制度，这也标志着我国农村经济体制改革正式开始。此后，为实现农村经济体制改革的最终目标，我国在调研各地农村市场经济运营的基础上，又借鉴国际合作社的经验，提出了发展农民专业合作社的设想。自这一设想实施以来，党中央、国务院给予了高度重视，并制定出台了一系列鼓励、扶持性政策。其中，《中华人民共和国农民专业合作社法》的出台，标志着我国社会主义市场经济体制进一步完善，也标志着我国农村改革开放进程又进了一步。

　　为最大限度地满足广大读者认识与了解农民专业合作社的愿望，本书以一问一答的方式对国家出台的相关政策法规进行详尽解读。本书共分为十二个部分，分别为农民专业合作社基础知识、农民专业合作社的服务、农民专业合作社的组建和运营、农民专业合作社的管理、农民专业合作示范社、示范社的申报流程和资格审查、如何成立联合社、农民专业合作社的资金互助、国家有关的惠农政策及其申请方法、中央文件对农民专业合作社的利好政策解读、国际农民专业合作社的发展经验和《农民专业合作社法》20问。其中，农民专业合作社基础知识部分，主要介绍了农民专业合作社的定义、特点、作用、原则、职能等知识，以便农民朋友们能全面了解农民专业合作社的本质和属性。农民专业合作社的服务部分讲解了有关的技术服务、生产资料购销服务、信贷服务及其他服务。农民专业合作社的组建和运营部分，从成立、注册、规范化运营、发展社员、管理五个方面都作了详尽的介绍，有很强的实践指导作用。农民专业合作社的管理部分讲解了合作社的规章制度、财务管理和成员管理。农民专业合作示范社部分，主要向农民朋友们介绍了什么是示范社和示范社能享受哪些奖励等内容。示范社的申报流程和资格审查部分，不仅详细介绍了示范社的申报资格、建设标准、评审内容,还切实阐述了示范社的申请步骤。如何成立联合社部分,除了介绍联合社的成立步骤,还介绍了联合社与合作社的区别、联合社的成立依据、联合社如何命名等知识。农民专业合作社的资金互助部分,既有农民专业合作社资金互助的定义、优势、意义等理论知识介绍,也有相关申请开展资金互助的实践指导。国家有关的惠农政策及其申请方法部分,介绍了国家颁布的优惠政策、补贴类政策和专项扶持类政策,也对应介绍了其申请方法以及注意事项。中央文件对农民专业合作社的利好政策解读部分,重点解读了近年来我国颁布的中央一号文件对农民专业合作社的政策利好,以便农民朋友们能及时了解国家的政策动态。国际农民专业合作社的发展经验借鉴美国、德国、法国、韩国和日本的有关经验,以期为我国农民专业合作社的发展提供经验借鉴。《农民专业合作社法》20问,精心设置了20个问题,目的是为了让农民朋友们更透彻地学习该政策的核心精神内涵。

本书内容充实,资料详尽,在编写的过程中注重结合实际,深入浅出,是学习《农民专业合作社法》的辅助性读物。另外,本书体例清晰,通俗易懂,在相关问题的介绍方面有很强的现实操作指导作用,便于广大读者翻阅查读。

本书编委会
2013 年 12 月

CONTENTS 目 录

第一部分　农民专业合作社基础知识

一、什么是农民专业合作社？

根据《中华人民共和国农民专业合作社法》第一章总则第二条，农民专业合作社的定义主要包括两方面的内容：从概念方面讲，农民专业合作社是"在农村家庭承包经营基础上，同类农产品的生产经营者或者同类农业生产经营服务的提供者、利用者，自愿联合、民主管理的互助性经济组织"；从服务对象方面讲，农民专业合作社是"以其成员为主要服务对象，提供农业生产资料的购买，农产品的销售、加工、运输、贮藏以及与农业生产经营有关的技术、信息等服务"。

农民专业合作社绿色通道

二、农民专业合作社的主要类型

农民专业合作社的类型多样,按照不同的分类标准可以将其划分为不同的类型。

1. 按经营产业的范围划分

可以分为种植专业合作社、养殖业专业合作社和加工服务业专业合作社。

2. 按从事的行业领域划分

可以分为生产型农民专业合作社、销售型农民专业合作社和综合型农民专业合作社。

3. 按经营服务的内容划分

可以分为生产资料供应类农民专业合作社、技术推广类农民专业合作社、产供销一体化农民专业合作社。

4. 按组织的层次划分

可以分为基层专业合作社和专业联合合作社。

5. 按组织的规模划分

可以分为小型农民专业合作社、中型农民专业合作社和大型农民专业合作社。

6. 按发起的方式划分

可以分为内生型农民专业合作社和外生型农民专业合作社。其中,内生型农民专业合作社是由从事专业生产的农民个人自发联合发起的,目的是为了解决技术、购销等分户经营很难解决的问题。外生型农民专业合作社是指有关单位或组织与农民联合组建的,如基层组织牵头型合作社、龙头企业带动型合作社等。

1) 基层组织牵头型合作社

所谓基层组织牵头型合作社,是指由村委会、村党支部、基层部门在结合当地农业实际情况的基础上,牵头创办的能够凸显当地特色产业和主导产业的农民专业合作社。农村基层组织,作为连接农民与市场的枢纽,有着单个农民所不具备的资源优势,具备有技术指导、资金筹借调配、市场信息服务等职能。所以,由农村基层组织牵头创办的农民专业合作社就能够具有一定的资源优势和信息优势等。

案例　天津友林农业种植专业合作社成立纪实

2007年9月2日,在天津港西街沙三村村委会的组织下,沙三村成立了天津友林农业种植专业合作社。该合作社以服务成员、谋求全体成员的共同利益为宗旨,依法为成员提供农业生产资料的购买,农产品的销售、加工、运输、贮藏以及与农业生产经营有关的技术、信息等服务。合作社走农业组织化、规模化、机械化道路,实行统一购买农药、统一购买化肥、统一打药,而社员分户管理冬枣树,形成了农资供应、技术服务、统一销售的一条龙服务。合作社成立后,加快了新技术的引进步伐,提高了生产效率,降低了生产成本,提高了农民收入。2008年就产生规模效应,由于采购量大,合作社以每斤①低于市场价0.3元的价格从供应商手中直接购进5万千克二胺、5万千克有机肥,以每斤低于市场价0.2元价格购进叶面肥5 000千克,杀菌药0.3万千克,为社员集体打药,仅此两项就直接为社员节省投入7万多元。2008年销售冬枣120吨,使社员人均收入增加2460元。今年春季合作社又购进了气泵剪枝机,由原来每人每天剪枝1亩②地增加到3亩。该合作社正从注重生产、销售,轻管理的旧经营模式中走出来,逐步加强制度建设、账务管理,开始统一品牌,加强食品安全建设,向规范的企业化管理模式发展。

冬枣种植

天津市滨海明星冬枣种植专业合作社的成立

天津市滨海明星冬枣种植专业合作社,在农户自愿的基础上,由村委会扶持成立村委会牵头的农民专业合作社,使村民在利益上联系到了一起,依托村委会在村里的威信,促进农民专业合作社的发展,达到富民强村的效果。大港区太平镇太平村村委会合作社法,于2008年9月在天津市工商局登记注册了

---

① 每斤为500克。

② 亩为非法定单位,考虑到生产实际,本书继续保留,1亩≈666.7 m²。

"天津市滨海明星冬枣种植专业合作社",并领取了营业执照。合作社涉及农户345户,入股投资总额达240万元。合作社成立以来,精心组织,按照广大股东的意见高薪聘请技术人员为农户进行全程技术指导,组织专业队伍统一为农户枣树喷施农药,搭乘邮政服务三农平台为农户销售冬枣。2008年该合作社的枣农在技术人员的指导下,根据枣树的不同类型采取产量与养树并重的原则,根

据统计70%的树木环剥结果,产量达50万千克、总收入达180万元。在管理模式上,2009年该合作社采取统分结合的管理形式,即在技术员的指导下,由枣农自己负责树的修剪、抹芽、摘心和环剥等,进行一系列的田间管理。合作社租用三台泵车,组成15人的专业农药喷施队伍进行作

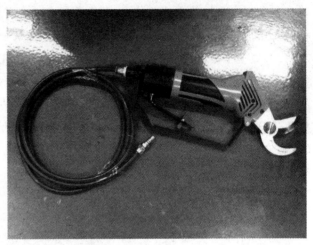

冬枣修剪工具

业,一般情况下两天可喷施一遍农药,保证用药安全,做到高效、低毒,确保果品质量。2009年,该合作社将通过一系列的措施加大技术培训力度,继续聘用合作社技术员,利用村委会的设备讲解有关冬枣栽培种植的理论、传授修剪管理技术知识,利用田间地头现身说法讲解实际操作技术,使广大枣农完成粗放管理——重视管理——科学管理的三步曲跨越。

(资料来源:人民网,2009-5-15)

2)龙头企业带动型合作社

所谓龙头企业带动型合作社,是指由实力较强的农产品加工流通龙头企业主动引导农民建立或直接参与的农民专业合作社。这种农民专业合作社的经营模式主要为"龙头企业 + 农民专业合作社 + 农民",三者各有其责。通常,龙头企业负责农产品销售环节,农民专业合作社负责联络和服务环节,农民负责农产品生产环节。

案例 合作社"联盟"龙头企业谋共赢

原本"各管一摊"的农民专业合作社和"术业专攻"的龙头企业联合,形成

产业的"上下游"关系,既实现了农民增收,也促进了企业增效。目前,天津滨海新区的合作社和龙头企业正在探索以组建联盟的方式,实现优势互补、共赢发展。

各取所需 打造循环产业链

世纪田园农机合作社将位于大港中塘镇的5家分别从事种植、农机、养殖的合作社和龙头企业于2010年年底"各取所需"达成合作关系。

种植面积达8 000亩、以种植玉米和棉花为主业的金沃野种植专业合作社,在世纪田园农机合作社先进农机具的配合下,实现连片规模经营,并实现机械化的播、种、收。农作物收获后,有大约6 000亩的玉米秸秆销售给神驰牧业发展有限公司作为奶牛饲料,奶牛养殖所产生的粪肥

蛋鸡养殖

又提供给金沃野种植专业合作社。这样便形成一个"种植—农机—养殖—种植"的小产业循环。同时,还有1 000亩的玉米要晒干成粒提供给两家蛋鸡的养殖专业合作社,蛋鸡养殖所产生的粪肥则成为优质的有机肥料销售给蔬菜或花卉等经济作物的种植单位。

优势互补 做大各自主业

神驰牧业发展有限公司之前就有在内部打造种植和养殖产业循环互补的

奶牛养殖

想法,并一直经营着 6 000 亩的玉米地,现在跟种植和农机的专业合作社建立了联系,就可以把企业的玉米种植"外包"出去。把副业代理出去,企业便有更多的精力用于主业的发展,扩大养殖的规模,所以,在不到一年的时间里,企业的奶牛存栏头数多出了 400 多头。

就近合作 对接需求 谋共赢

天津四季新畜牧养殖专业合作社以前从沧州和静海一带收玉米,每年大约要收进 500 吨,因为距离较远,每斤收购价在 9 角左右。现在,自合作社联盟之后,可以就近从金沃野种植专业合作社直接订单收进,每斤可以便宜 5 分钱,全年就可节省 5 万元,而且因为是和身边的合作社合作,质量也有了保障。天津四季新畜牧养殖专业合作社养殖蛋鸡的粪肥主要销往静海的花卉养殖基地和河北青县的蔬菜种植基地,从收到销,合作社在节省饲料成本的同时利润也有所增加。

玉米种植

据了解,天津滨海新区在 2011 年共有登记注册农民专业合作社 150 个,涉及畜牧、蔬果、水产和农机四大类,拥有合作社成员 6 259 户,辐射带动农户 2 万余户。除了这种以服务为主,从种植到养殖形成循环互补关系的联合方式,大港和汉沽的合作社目前还形成了以经营为主,围绕冬枣、葡萄、水产养殖等特色农产品和优势产业的关联性联合方式。2011 年,新区将优先鼓励具有产业关联性或互补性的农民专业合作社,组建服务型或经营型合作社联合社,以进一步提高农民的致富水平。

(资料来源:滨海时报,2011-08-01)

7. 按依托的对象划分

可以分为政府依托型农民专业合作社、供销社依托型农民专业合作社、社区组织依托型农民专业合作社、实体依托型农民专业合作社和能人依托型农民专业合作社。下面主要介绍其中两种。

1）供销社依托型农民专业合作社

供销社依托型农民专业合作社，是以供销社为依托，由供销社及其管理人员、村级农资经营点人员、当地农民共同出资入股人员，按照合作制原则组建的农民专业合作社。这种类型的农民专业合作社，不仅能够积极发挥供销社的优势，也能够为社员增收带来保障。

案例　南充市供销社农民专业合作社

2012 年 5 月 7 日，在有"绿色聚宝盆"之称的四川南充市嘉陵区大通镇梓潼庙村，连片的蔬菜大棚一眼望不到头。据绿康果蔬农民专业合作社示范基地理事长介绍，该社从 2010 年年底成立以来，利用大棚种植日本南瓜、台湾洋香瓜、荷兰七里椒等作物，年产蔬果 150 万千克，销售额达 268 万元，带动农户 130 多户，每户平均增收达 8 000 元。

洋香瓜的种植

而这一切的成功，都离不开嘉陵区供销社的帮助，正是在他们的引领下，合作社成员才学会科学种田，走上致富路。

自 2012 年 4 月底，南充市供销合作社系统发挥自身优势，采取多种形式，已领办 112 家农民专业合作社，成为农民增产增收的领跑者。

"日本南瓜"的种植

培养一个好带头人　让农民专业合作社"动"起来

南充市供销合作社从南充是农业大市、人口大市的实际出发,以加快国家现代农业示范区,深入推进农业特色产业基地建设为契机,把领办农民专业合作社作为服务"三农"、助农增收的重点,以宣传工作开路,通过报纸、电视,组织乡镇普法宣传队演"坝坝戏",发放宣传资料等形式,广泛宣传《农民专业合作社法》和《农民专业合作社登记管理条例》,传播合作理念,吸引更多的农民关心、加入、办好农民合作社。按照有一个好的经营理念,培养一个好带头人,抓好一个龙头带动企业的"三个一"总体思路,组织举办了农民专业合作社理事长培训班,请西南农业大学和南充市农科院专家、教授,讲授专业知识、行业规范、市场预测、操作技巧等。组织到成都、彭州、汶川等地学习,通过"请进来,走出去",使其开阔视野,学习外地先进的经营管理经验。各地供销合作社业务发展科(股)还与农民专业合作社理事长建立日常工作联系制度和工作通报制度,帮助其解决农民专业合作社在发展中遇到的困难和问题,使农民专业合作社从一开始就在一个好带头人的带领下,走上科学发展之路。

唱好服务"三字经"　让农民专业合作社"活"起来

酱瓜、胭脂萝卜、蚕桑和獭兔是仪陇县张公镇的支柱农产品产业。以前,这里的农产品生产都是农民自己盲目决定的,根本形不成规模。直到2010年,在县供销合作社的领办下,张公镇才开始试办农民专业合作社。目前,百胜蔬菜合作社已经成为了最成功的范例之一,其种植面积已达500多亩,酱瓜不仅畅销全国,还出口到了国外。这是南充市供销合作社系统服务革命老区农民专业合作社的一个缩影。

獭兔养殖

为了更好地服务农民专业合作社,南充市供销合作社切实转变工作作风,走基层,到田间,唱好"真、领、优"服务"三字经"。一是"真",真情为农。积极争取南充市委、市政府的重视和支持,南充市委、市政府把引导农民专业合作社发展,加快农村社区综合服务社建设作为全市"十大民生工程"的重要内容,"两办"还专门出台文件支持农民专业合作社,全市召开了农村"三大体系"建设现场会,总结推广几个由供销社领办的农民专业合作社的典型经验,使农民专业合作社在政策和各部门的支持下走上发展的"快车道"。二是"领",引领发展。全市各地供销合作社开设了"农民专业合作社"专题网页,牵线搭桥,召开各种大型洽谈会,为农民专业合作社引项目、跑项目,为其找销路,不仅使专业合作社的产品能够打开市场卖出去,而且能卖个好价钱。三是"优",优质服务。积极与工商、农业、农技、商务等部门沟通协调,兴办农民专业合作社"一路绿灯",免费办理营业执照、税务登记、代码证等,不定期向农民专业合作社发布市场信息,指导农民按市场需求科学生产。

向中国农业大学"借脑" 让农民专业合作社"强"起来

2012年4月14日,营山县政府与中国农业大学(简称中国农大)农学与生物技术学院签署了科技与人才培养合作协议。协议内容包括中国农大帮助培养一批农民专业合作社技术人员、管理人员和市场营销人员,指导帮助营山县农民专业合作社发展一批无公害、绿色、有机农产品,并为其农产品的品牌创建给予申报指导。营山县农业示范园区和农民专业合作社为农大提供教学

黄瓜种植

实施基地、科研基地、学生实习基地。这是营山县政府和南充市供销合作社联手做大做强农民专业合作社的"大手笔"。在领办中,南充市供销系统采取合资、控股、参股和挂靠等多种方式引领农民专业合作社发展。阆中盛达经贸公司是阆中供销社直属的全资公司,它充分利用自己在资金、流通网络、规模、品牌和销售等方面的优势,领办了32个农民专业合作社,成为农民专业合作社的"龙头企业"。它还组织农化队为农民专业合作社提供病虫害防治、植保和嫁接蔬菜等技术服务。通过嫁接的黄瓜、茄子、丝瓜等蔬菜不仅生长周期长,产量也更高,在沙溪街道办金鼓村明刚农民专业合作社,每个大棚一季黄瓜的纯利润就

达3万元以上。据统计,阆中的农民专业合作社一年销售额达2.48亿元,带动农民8.6万户,人均增收1 260元。

茄子种植

西充县供销合作社与中国台湾农业专家合作,以领办农民专业合作社形式在凤鸣镇双龙桥村发展有机农业,整个项目建成后,年产值将达到1亿元。南充市供销合作社以直属企业鸿运来连锁超市为平台,抓好农产品产销对接,形成了"供销社＋基地＋农合组织＋农户"的产业发展模式,有效解决了菜贱伤农、菜贵伤民的问题。

随着农民专业合作社的发展,在南充,一批享誉省内外的"柑橘大王"、"蔬菜大王"、"养蜂状元"等能人脱颖而出,带动了全市粮食、物流和竹编等手工艺产品等产业的发展,成为农民增收的主要来源,供销社领办农民专业合作社的路子越走越宽广。

（资料来源:西南商报,2012-05-11）

2）能人依托型农民专业合作社

能人依托型农民专业合作社,是指由一些较大种植或养殖规模的专业经营大户、技术能手等能人牵头发起,由从事同种专业生产的农民自发建立的农民专业合作社。这种类型的农民专业合作社,是由能人主导,比较适合于农产品商品率较高的地区实行。在我国,这类农民专业合作社多出现在中部平原地带。

案例　留客种植农民专业合作社

留客种植农民专业合作社,是一位回乡企业家催生的。范××担任村党支部书记后,面临"穷村烂摊子",他头脑清醒,认准了只有把村民组织起来,调动积极性,走合作化、专业化、规模化、科学化的发展道路,才能让百姓脱贫致富为此,要打破单一的传统农业生产模式,发展蔬菜产业。

2010年3月18日,留客种植农民专业合作社成立。留客种植农民专业合作社的发起人和带头人、村党支部书记范××,原本是内蒙古一矿山老板,身价过亿。2010年年初受桥西区和李村镇党组织的重托,应养育他的故土留客村广大党员、村民的请求,回村担任党支部书记,他向合作组织注资100万元,成立了留客种植农民专业合作社。建立合作社的初衷,用范××的话说就是:回报社会、造福乡亲,实现共同富裕。合作社建立初期,由村"双委"班子参与,集体主导运作,用企业化管理方式创造规模化产业。

土地流转和资金筹集,是发展规模化产业一开始遇到的两大难事。范××率先垫资为合作社的运转搭架子、铺底子,着手订方案、做规划。

科学技术是第一生产力。搞蔬菜产业,没有科学技术作支撑,要成功并非易事。他们多次往返于河北农科院和河北省农业大学蔬菜研究所,邀请专家来现场考察。经过反复考察论证,在河北农大等科研机构和专家的帮助指导下,制定了总体发展规划,确定以高起点、高标准、快节奏发展蔬菜产业。从规划布局到温室建筑,从科学生产到市场营销,从新技术应用到组织管理,各个环节论证周到,规划具体,具有实际操作性。留客农民专业合作社与河北省农科院"结缘联姻",建立了长期合作关系,并聘请山东寿光的工程技术人员作指导,参照寿光经验,建设日光温室。

建设"寿光五代日光温室"投资大,村民们大多由于家底薄,建棚资金短缺,心存顾虑。范××用自己的家产为合作社社员做贷款担保,每个大棚担保贷款4万元。为了集约利用土地,合作社采取了"三统一":统一规划、统一设计、统一施工。范××从内蒙古调来自家的矿山挖掘机,义务挖土筑墙、为温室建设服务。他向合作社成员承诺:"合作社把种菜技术请到村,上门服务不收费,为蔬菜大棚入保险,如果遭灾赔了本,除保险公司赔偿外,我个人再为每个大棚补偿2万元。"范××自己

温室大棚

带头种了 5 个大棚,在他的感召和鼓舞下,近百户农民交款建棚。

留客种植农民专业合作社高起点、高效率、高标准发展规模化农村产业的行动,得到了各级领导的认可。市、区领导请来了以色列农业推广专家、国际设施农业协会主席伊扎克·艾斯考诺等到基地考察、观摩,并与合作社在蔬菜管理、病害检测、生物实验、育种、育苗等多项技术方面达成合作共识。

留客种植农民专业合作社,尽管起步较晚,但起点高、发展快,已经开始显现强大它的生命力和富农效应。日光温室的第一茬蔬菜就实现产值 300 余万元,平均每个大棚收入 3.5 万余元。

2011 年 5 月,合作社又带领会员及村民到山东去"开眼界"。合作社成为百姓脱贫致富的"顶梁柱",成为村集体积累财富的基石。目前,合作社正在运作三项工作:一是在加大宣传动员力度的基础上,麦收后由合作社作为租赁方再吸纳流转土地 1 000 亩,为秋季再建 300 座日光温室大棚和拱棚做地源准备。二是组织专门人员考察、设计、建设投资 350 万元、占地 50 亩的集蔬菜检测、生物实验、培种育苗、蔬菜储藏、包装、交易等于一体的综合经营场所。项目建成启用后,将大大提升留客蔬菜生产的科技含量和优质高产种苗的自给率。三是依照《中华人民共和国农民专业合作社法》等有关法律、法规,按照"民办、民管、民受益"的办社原则,以服务成员、谋求全体成员的共同利益为宗旨,规范合作社的运转方式,扩大社员参与合作社管理的权利。把合作社成员的部分投资转为股金,合作社的主要管理人员实行民主选举,真正做到"自主经营、民主管理、盈余返还"。

(资料来源:中国日报,2011-07-07)

三、我国农民专业合作社的特点

据《中华人民共和国农民专业合作社法》规定,农民专业合作社是独立的市场经济主体,具有法人资格,享有生产经营自主权,任何单位和个人都不得侵犯其所拥有的合法权益。

1. 农民专业合作社是一种经济组织

所谓"经济组织"是指依法成立并从事生产经营活动的市场主体。一般来说,经济组织区别于其他组织最重要的标志就是:经济组织能够独立核算、能够自负盈亏,并且能够以其自有财产对外独立承担相应的责任。近年来,在我国农村地区,各类农民合作经济组织发展态势非常迅猛。出现了许多农业组织,如农民专业技术协会、农产品合作社、农产品行业协会等。无疑,这些组织在提升农业生产组织化程度、推进农业产业化经营和增加农民平均收入等方面都作出了重要的贡献。那么,农民专业合作社与这些组织有什么区别呢?据《农民专业合作社法》规定:"只有从事经营活动的实体型农民合作经济组织才是农民专业合作社",也就是说,农民专业合作社既为成员提供技术、信息等服务,也从事营利性经营活动。而农民专业技术协会、农产品行业协会等组织只为成员提供技术、信息等服务,却不从事营利性经营活动。

2. 农民专业合作社是一种互助性的经济组织

农民专业合作社作为独立的市场主体,有其自身的特殊性。首先,农民专业合作社并不仅仅是单纯的资本联合,而是农民的劳动联合。其次,农民专业合作社虽属经济组织,但其并非纯粹以营利为目的,其主要宗旨是成员之间互相帮助并提供相应的服务。再次,农民专业合作社的成员,参加合作社的主要目的并不是为了获取更多的经济利润,而是希望能通过参加合作社获得更多的技术支持和其他服务。总体来说,农民专业合作社以成员为主要服务对象,其成立初衷也是为了帮助成员们解决单个农民办不了、办不好或办了不合算的问题。这种互助性的特点也就决定农民专业合作社的经营原则是"对成员服务不以营利为目的"。

3. 农民专业合作社是专业的经济组织

农民专业合作社是以同类农产品的生产或以同类农业生产的经营服务为纽带的,其经营服务的内容有着很强的专业性。这里所说的"同类",是"以《国民经济行业分类》规定的中类以下的分类标准为基础,提供该类农产品的销售、加工、运输、贮藏、农业生产资料的购买,以及与该类农业生产经营有关的技术、信息等服务"。例如,农民专业合作社既可以是笼统的种植专业合作社,也可以是更具体的葡萄种植、兰花种植、柑橘种植等专业合作社。

4. 农民专业合作社是自愿和民主的经济组织,由成员自愿联合,实行民主管理

农民专业合作社的设立完全由成员自愿决定,任何单位、个人都不得非法进行干预,不得强制要求农民参加或拒绝农民加入农民专业合作社。农民专业合作社实行民主管理,所有成员地位一律平等。在农民专业合作社的运行过程中,主要贯彻"民办、民有、民管、民受益"的精神。

5. 农民专业合作社建立在农村家庭承包经营基础之上

我国农村广泛实行的家庭联产承包经营制度,是在一家一户生产经营的形式下,由农民直接面向市场出售农产品、购买生产资料和寻求相关的技术服务。家庭联产承包经营制度实行到现在,产生了许多积极作用,但与此同时也不可避免地出现了一些问题。比如,由于个体农民的生产量相对少而分散,所以投入市场的产品的售价就会低一些。另外,个体农民在购买生产资料时,由于购买量少所以需要付出相对较高的购买价格,在享受技术服务时又相对较难,这些问题便很容易使农民进一步发展生产的举措受挫,自然增收就更为困难。

如何解决这些难题?对于普通农民来说,最普遍的做法就是不断扩大自家的生产经营规模。然而,我国人口基数大,土地资源又有限,如果家家户户都选择相同的方式势必是不大现实的。为了更好地改变这种不利状况,一些农民采用合作的方式来不断扩大生产经营规模,具体来说,他们联合采购生产资料、选择技术服务,生产和销售同样的产品。这便是农民专业合作社的雏形。

不同于其他的农村集体经济组织,农民专业合作社是以农民为主体自愿组织起来的新型合作社,即它的成员都是依法享有农村土地承包经营权的农村集体经济组织成员。由此看来,加入农民专业合作社并不会改变成员以往的农村家庭承包经营模式。

农民专业合作社与"合作化运动"是不是一回事? [①]

(1)发展农民专业合作社不改变农村家庭承包经营制度。

十一届三中全会之后,农村家庭承包经营制度广泛开展起来。据《农村土地承包法》第三条规定,"国家依法保护农村土地承包关系的长期稳定"。《农民专业合作社法》第二条表明:农民专业合作社是建立在农村土地家庭承包经营

---

① http://www.xjbzny.gov.cn/html/zcfg/2009-5/27/19_17_59_287.html 巴音郭楞蒙古自治州新农村经济信息网

制度基础之上的。所以说,农民专业合作社不会改变土地的家庭承包经营,农民加入农民专业合作社,也不是简单的"归大堆"。

(2)农民专业合作社的发展,有利于进一步地丰富和完善以家庭承包经营为基础、统分结合的双层经营体制。

《农民专业合作社法》第二条和第三条指出,农民专业合作社坚持以服务成员为宗旨,谋求全体成员的共同利益。加入农民专业合作社后的成员,不仅可以享受合作社供给的专业性的产前、产中、产后服务,而且社员们还可以将分散生产的农产品和需要的服务集聚起来,再进军市场,以转变其市场弱势地位。由此看来,农民专业合作社的出现,能够为农民提供更充足的服务,能够完善统分结合的双层经营体制,也能够有效地补充集体统一服务的不足。

(3)农民专业合作社,坚持市场经济原则,坚持农民自愿原则。

之所以说农民专业合作社的发展要坚持市场经济原则,是因为农民专业合作社是在社会主义市场经济体制下产生的市场主体组织形式,其发展动力主要根源于市场竞争。农民专业合作社参与市场竞争的能力如何,便决定了其是否能够逐步成长壮大。

之所以说农民专业合作社的发展要坚持农民自愿原则,是因为农民专业合作社是建立在农民自愿成立和自愿参加的基础上。是否决定成立农民专业合作社,成立之后要为其成员提供什么服务,合作社内部应该设立什么样的组织机构,这些问题都完全取决于农民的意愿,各级人民政府农业行政主管部门和其他有关部门等均无权干涉,只能是给予相应的指导、扶持和服务。因此,农民专业合作社是排斥行政干预手段的,与"合作化运动"有本质的区别。

(4)自愿参加农民专业合作社的农民的民主权利和财产权利受法律保护。

农民专业合作社作为新型市场主体,完全受法律的保护。农民专业合作社,遵守"民办、民有、民管、民受益"的原则,尊重和保护农民的合法权利。《农民专业合作社法》规定的成员账户制度、盈余分配制度、退社制度等政策,均对成员的财产权利有保护依据。例如,农民在加入合作社之后,其出资和公积金份额仍旧记载在他的账户中,这便可作为其参与合作社盈余分配的重要依据。如果农民因其自身原因要退出合作社,其享有的财产份额能够退还给本人。

总体来说,农民专业合作社与20世纪50年代中期以后出现的农业合作化运动有本质的区别,农民专业合作社坚持市场经济原则,坚持农民自愿原则,是建立在家庭联产承包经营制度的基础上,受法律充分保护的市场主体。

四、农民专业合作社的作用

农民专业合作社的出现,是我国农业生产关系的一次重要变革,为我国农村各项建设提供了有效载体。具体来说,农民专业合作社有以下5方面的作用。

《中华人民共和国农民专业合作社法》

（1）农民专业合作社之所以能够解决小生产与大市场之间的矛盾，主要是因为农民专业合作社能够提高我国的农业生产水平，以及农民进入市场的组织化程度。长远看来，发展农民专业合作社有利于推进我国农业的产业化经营与发展，也有利于促进我国的农业现代化建设，有利于增加农民的收入。为此，在很长一段时间内，我国各级人民政府及其农业行政主管部门等都坚持"引导不强迫、支持不

包办、服务不干预"的原则，坚持为农民专业合作社提供宽松的政策环境。

（2）农民专业合作社能够有效地架起企业、农户与市场之间的桥梁，有助于推进农业的产业化经营，加快农业的产业化进程。

"企业＋农户"是农业产业化经营的一般模式。由于企业和农户是两个各自独立的利益主体，它们之间的利益联结缺乏有效的制度保障，尤其是在市场

经济波动之时更是很难达成利益一致,所以这种农业产业化经营模式有其自身的局限性。为了解决这些不可避免的问题,农民专业合作社提出了新思路。由

于农民专业合作社根植于农民群众中,其不仅能够保持农户家庭的独立经营,还能够基于合作社的帮助克服个体独户在经营中的局限性,有效维护农民的利益,进而能够使全部入社的农民形成利益共同体。这样一来,农民专业合作社便可以充分发挥它

农民专业合作社的桥梁作用

的组织优势,介入市场、企业和农户之间,发挥桥梁作用,有效推进农业的产业化经营了。可以说,农民专业合作社上连市场、下连农户,再通过产前、产中、产后的全程服务,逐渐引导农户不断走向市场,进而加强企业与农户之间的有效合作,形成有效的利益机制,为后期的农业产业链条的形成提供可靠的保障,最终实现农业产业化的一体化经营模式。

（3）农民专业合作社有助于提高农民的自身素质,维护行业利益,促进产业的健康发展。

农民专业合作社会定期举办知识讲座,向社员们传达一些政策精神和相关知识。此外,通过社员之间的相互学习和影响,也有助于提升合作社的整体素

质,提高农民的科技水平、市场感受力、营销能力等。此外,农民专业合作社作为一个经济组织,有自身的运营机制,这些也有助于提升农民的分工协作能力、组织管理能力、民主决策能力等。总体来说,农民专业合作社能够以多方面途径提升农民的民主意识和参与意识,拓宽农民

追"新"族

有助于提高农民的素质

的思维,提升农民的素质,进而提升整个合作社的整体水准,促进行业的健康发展。

（4）农民专业合作社有助于改善政府对农业的管理,有助于强化其社会化服务功能,提高农产品的市场竞争力。

农民专业合作社,有助于提高农业生产水平,有助于提高农民进入市场的组织化程度。如今,农业市场化程度不断提高,农产品供求关系也发生了巨大变化,个体农民的小生产与千变万化的大市场之间的矛盾日益加深。为此,要想解决这一矛盾,一方面需要将农村剩余劳动力进行有效转移,并且将农用土地实施合理流转,以便能够扩大农业的经营规模;另一方面,大力发展农民专业合作社,不断提高农民的组织化程度,也有利于该矛盾的解决。

农民专业合作社是在市场经济的背景下出现的农村微观经济组织,它不仅是农民与市场之间的桥梁,而且也是农民和政府之间的桥梁。农民专业合作社的出现,有助于政府间接接触农民,将国家的相关产业政策和措施落到实处,进而减少农民生产的盲目性和无序性。此外,农民也可以通过农民专业合作社把自己的愿望和要求及时传达反映给相关政府,另外,农民也可以通过农民专业合作社的渠道及时获得由政府发布的真实可靠的农业产销、科技和政策等信息。在一定程度上讲,农民专业合作社作为政府和农民之间的传声筒,能够有效提高政府对农业以及农村经济调控的针对性和实效性,而且有助于加强农民与政府之间的互动性。

全国农民专业合作社发展与建设政策座谈会

（5）农民专业合作社能充分发挥合作社的优势,增加农民的收入。

农民专业合作社对内以服务农民为宗旨,对外则追求最大的经济效益。一方面,农民可以从合作社中学习先进的科学技术,以改进自身落后的生产方式;另一方面,农民也可以及时地获取相关的政策措施和市场动态,以提高自身对行业的认识和预测能力,决定生产经营内容和销售时机等。这些都有助于改善过往农民盲目生产、销售的情况,在很大程度上也有助于提高农民的收入水平。此外,农民加入农民专业合作社之后,合作社收购农民生产的农产品的价格一般不会低于市场价。另外,合作社还会将加工或销售的增值部分利益返还给农民,这些也会增加农民的部分收入。当然,农民专业合作社还会利用其辐射效应和示范效应,带动尚未脱贫致富的非成员农民一同走上共同致富的道路。

五、农民专业合作社应当遵循的原则

农民专业合作社的基本原则贯穿于《农民专业合作社法》的各项规定之中。这几项基本原则不仅体现出了农民专业合作社的价值、其成立时的主旨和基本准则,而且也体现出了农民专业合作社与其他市场经济主体的区别。按照《农民专业合作社法》第三条的规定,农民专业合作社应当遵循的基本原则有以下五项:

1. 成员以农民为主体

为使农民成为农民专业合作社真正的主人,《农民专业合作社法》明文规定:"农民专业合作社的成员中,农民至少应当占成员总数的百分之八十。成员总数二十人以下的,可以有一个企业、单位事业或者社会团体成员;成员总数超过二十人的,企业、事业单位和社会团体成员不得超过成员总数的百分之五。具有管理公共事务职能的单位和个人不得加入农民专业合作社。"

2. 以服务成员为宗旨,谋求全体成员的共同利益

农民专业合作社的成立初衷便是服务社员,通过带动社员之间的互助合作来提高整个合作社的规模效益,完成单个农民办不了、办不好、办了不合算的事。这种服务成员的宗旨,便决定了农民专业合作社"对成员服务不以营利为目的、谋求全体成员共同利益"的经营原则。

3. 入社自愿、退社自由

任何具有民事行为能力的公民,只要能承认并遵守农民专业合作社章程,履行章程规定的入社手续的,都可以成为农民专业合作社的成员。农民是否加入农民专业合作社完全基于其个人意愿,任何个人、组织等无权干涉。农民除了可以自愿加入一个或多个农民专业合作社之外,还享有退社自由的权利。当农民以其自身理由要求退出农民专业合作社时,据《农民专业合作社法》要求农民专业合作社应当按照其章程规定的方式和期限,退还记载在该成员账户内的出资额和公积金份额,并将该成员资格终止前的可分配盈余,依法返还给成员。

4. 成员地位平等，实行民主管理

为确保农民在合作社中的民主权利，《农民专业合作社法》从两个方面作出规定。首先，关于农民专业合作社的组织机构来说，农民专业合作社成员大会是合作社的权力机构，农民专业合作社必须设理事长，也可以根据自身需要设成员代表大会（需成员 150 人以上）、理事会、执行监事或者监事会。其次，关于农民成员在合作社中的民主管理权而言，农民专业合作社成员，其出资额多少，地位一律平等。农民专业合作社成员大会选举和表决，实行一人一票制，成员各享有一票的基本表决权。同时，考虑到不同成员对合作社的贡献大小不同的客观实际情况，《农民专业合作社法》还规定了按照出资额或者交易量（额）享有附加表决权，但附加表决权总数不得超过本社社员基本表决权总数的 20%。

5. 盈余主要按照成员与农民专业合作社的交易量（额）比例返还

跟其他农民经济组织相比，农民专业合作社的盈余分配方式主要按照成员与农民专业合作社的交易量（额）比例返还。为体现这一基本原则，保护一般成员和出资较多成员双方的积极性，《农民专业合作社法》规定：可分配盈余中按成员与本社的交易量（额）比例返还的总额不得低于可分配盈余的 60%，其余部分可以依法以分红的方式按成员在合作社财产中相应的比例分配给成员。

六、农民专业合作社与其他农村合作组织的区别

1. 与农村社区合作社的区别

农村社区合作社，主要是指在农村双层经营体制下成立的村级集体经济组织。什么是农村双层经营体制？农村家庭联产承包经营制度的确立，标志着政社合一的人民公社制度宣告解体。在这一制度下，农民拥有所承包土地的使用权，村集体拥有土地所有权。之前人民公社体制下形成的社、队集体资产，也随之发生变化，即一部分资产划分、变卖给个人，另一部分资产则保留下来，形成乡、村两级集体组织的共有资产。由此，我国农村家庭、集体双层经营体制便出现了。人们之所以将这种村级集体经济组织称作农村社区合作社，很大程度上是因为这类组织采取了"合作经营"的模式，即由村委会或村民民主管理集体财产。

近年来，随着工业化进程的加快，在一些经济发达的地区和一些大城市城乡结合的区域，由于市政规划等原因，部分农民渐渐失去土地。在他们原先的土地上渐渐出现了一些村集体组织工商业，并且收入颇厚。为回报农民，村集

体组织会用所得利益为农民提供公共设施、教育、福利保障以及红利等优惠,而农民也可以对这些集体工商业实行某种程度上的民主管理。对此,有人将这种管理模式称之为"农民以原有土地入股的新兴农民社区合作社"。相比以往的农村社区合作社,很显然这种新兴农民社区合作社的集体经济的规模更大,同时,农民以土地入股,按股分红,这也意味着农民身份的转变。而一般的农村社区合作社,管理的集体经济规模较小,农民没有失去土地,所以农民的身份未发生本质的变化。在实践中,新兴农村社区合作社的存在面很窄,在我国并没有得到很大范围的推广。而一般的农村社区合作社则由于村集体经济的不断萎缩,在很多的地方早已经是名存实亡了。

农村社区合作社与农民专业合作社之间有什么明显的区别?首先,农村社区合作社的成员并不需要报名便可以获得成员资格,即只要农民是村集体的一员即可,不需入股,也不存在退出的问题。而农民专业合作社的成员需要自主申请加入和退出。其次,农村社区合作社从事的业务与农民自身的生产经营没有必然联系,即农民并不是这类组织的主要使用者,虽然他们可以从中获得利益。而农民专业合作社是独立的生产者和经营者的联合,这便决定了它的成员就必须是合作社的主要使用者。

2. 与农民专业协会的区别[①]

农民专业协会是改革开放以来发展迅速的一种农民组织,它基于农村家庭联产承包经营制度,是由从事同类农产品生产、经营的农户在"自愿、平等、互利"的基础上组织成立的一种"民办、民管、民受益"的群众性技术经济合作组织。农民专业协会可分为技术经济实体型(含股份制实体型协会)、技术服务型和技术交流型三种类型。其中,技术经济实体型协会主要是依靠一个集生产、加工和销售于一体的经济实体,为成员们提供产前、产中和产后的系列服务,将产品的生产和销售统一化,并进行专业生产经营。技术服务型协会能够为成员们提供产前、产中和产后的技术咨询服务。比如,技术服务协会能够为成员们开展技术培训、提供生产资料,协助成员们联系销售渠道、提供市场信息等。技术交流协会则主要是在成员之间开展技术和信息的交流活动,帮助成员们获取实用的技术信息,提高成员们的整体生产水平。就以上三种农民专业协会的类型来讲,只有技术经济实体型协会与农民专业合作社在组织模式和组织原则方面有更多的相似性。

农民专业协会与农民专业合作社的区别主要表现为以下几个方面:首先,

① http://bokedw.blog.sohu.com/68039664.html,山东大坞农业信息网

二者的适用范围不同。农民专业协会分为技术经济实体型、技术服务型和技术交流型三种类型,农民可根据自身的需要选择加入,所以其在全国的适用范围更广一些。而农民专业合作社作为一种高层次的农民专业合作经济组织,只有农民专业协会众多技术经济实体型协会才可与之匹配,所以其对加入成员的要求要相对高一些,适用范围也相对小一些。其次,二者的法律依据和登记管理机关不同。农民专业协会并不是专业的经济实体,其会员与协会之间的关系是建立在非产权基础上的服务联合。所以申报者应该依据《社团管理条例》依法向民政部门进行申请登记,取得社团法人资格。而作为经济实体的农民专业合作社,其社员与合作社之间的关系是建立在产权基础上的联合。所以申报者应该依据《农民专业合作社法》,向工商行政管理部门进行申请登记,取得企业法人资格。再次,二者的组织模式和运行机制不同。由于绝大部分的农民专业协会还都处于技术服务型协会和技术交流型协会的阶段,只有很少一部分农民专业协会达到了技术经济实体型协会的层次,所以总体来说,农民专业协会不具备企业经营所需要的资产和条件。而农民专业合作社本质上就是由一定范围内的人们为满足共同的利益需要而组建的企业,所以其完全具备企业经营所需要的资产和条件,也能够按照企业的规则去运作。

3. 与农产品行业协会的区别[①]

农产品行业协会是在国家优化农业结构、推进农业产业化和市场化经营等背景下,为提高农民的组织化程度和提高农业的规模化经营而出现的经济组织。具体说来,农产品行业协会是在一定区域范围内由从事某项专业的农民、企业和中介组织及科研机构组织起来的非营利性的经济组织。2003年《中共中央、国务院关于做好农业和农村工作的意见》中曾这样描述:"农产品行业协会是联结农户、

---

① 王平《农业专业合作组织与农产品行业协会的异同》,《农民致富之友》,2003 年 08 期
http://www.chinafeed.org.cn/cms/_code/business/include/php/240809.htm 中国饲料工业信息网

企业和市场的纽带,对于提高农民的组织化程度,转变政府职能,增强农业竞争力,具有重要作用。"

关于农产品行业协会的功能,其主要表现为行业服务、行业自律、行业代表和行业协调四方面。具体说来,农产品行业协会的成立宗旨便是为成员和行业提供服务,所以要想获得国内外市场调查信息、行业展览信息、行业技术培训信息等信息和服务都可以直接与农产品行业协会联系。所谓行业自律,是指农产品行业协会会为从事同一行业的经营主体制定相关的行业规则,以此来保护行业的共同利益。有些时候,当成员们需要向政府或者其他组织等提出诉求和意见时,农产品行业协会就需要派出行业代表征集广泛意见,反映行业呼声。关于农产品行业协会的行业协调功能,是指协调成员和企业之间的利益关系,协调成员和非成员之间的利益关系,协调成员和消费者之间的利益关系等,以便协调行业价格,维护正常的市场秩序等。

农产品行业协会与农民专业合作社的区别主要表现在以下几点:首先,二者的组建主体不同。农产品行业协会一般是由同一产业的工商企业组织(包括自然人企业和法人企业)组建的,也就是说它的主要成员并不只是农民。而农民专业合作社的组建主体是农民。其次,二者的组织性质不同。农产品行业协会是经济类社团法人,而农民专业合作社是一个经济组织,是企业法人。再次,二者的职能作用不同。农产品行业协会的职能主要是行业服务、行业自律、行业代表和行业协调,而农民专业合作社的主要职能集中于为农民提供生产资料的购买,农产品的销售、加工、运输、贮藏,以及与农业生产经营有关的技术、信息等服务,促进农民合作经营、合作加工等。

4. 与个人独资企业的区别

个人独资企业是一种最古老、最简单的企业组织形式,主要盛行于零售业、手工业、农业、林业、渔业、服务业和家庭作坊等行业。顾名思义,个人独资企业就是由个人出资经营、由个人所有和控制、由个人承担经营风险和享有全部经营收益的企业,即是一种自然人企业。在我国,有一些个人独资企业是打着农民专业合作社的旗号经营的。

个人独资企业与农民专业合作社的区别主要表现为:挂有农民专业合作社名分的个人独资企业,必须严格按照《农民专业合作社法》的标准经营,通过分散出资额、完善内部管理制度、扩大成员经济和民主参与等方式,使其企业运营基本符合农民专业合作社的规范。

5. 与合伙制企业的区别 [1]

合伙制企业是指由两个或两个以上的合伙人通过订立合伙协议的方式,共同出资经营、合伙经营、共负盈亏、共担风险,并对合伙企业的债务承担无限连带责任的企业组织形式。在我国,合伙制企业仅属限于私营企业。

合伙制企业的营业执照

一般来说,合伙制企业主要有以下几个特征。第一,合伙制企业既容易设立,也容易解散。当合伙人在签订合伙协议的时刻,就意味着合伙企业成立了。但是随着新合伙人的加入,旧合伙人的退伙、死亡、自愿清算、破产清算等问题,都可能会造成原合伙企业的解散。第二,合伙制企业作为一个整体,对债权人承担无限的责任。按合伙人对合伙企业所承担的责任来分,合伙制企业可以分为普通合伙企业和有限合伙企业两种形式。其中,普通合伙的合伙人均为普通人,他们对合伙企业的债务承担无限连带责任。有限合伙企业的合伙人是由一个或几个普通合伙人和一个或几个责任有限的合伙人组成的。即在这些合伙人中,至少要有一个人能对企业的经营活动负无限责任,而其他的合伙人需要能够以其出资额为限对债务承担偿债的责任。第三,合伙制企业的经营活动是由合伙人共同决定的,另外,合伙人有执行和监督的权利。第四,合伙制企业的合伙人所投入的财产,由所有合伙人统一管理和使用。在没有经过其他合伙人同意的情形下,任何一位合伙人不得挪用合伙财产。第五,合伙企业在生产经营活动中所取得、积累的财产,由合伙人共同享有。

合伙制企业与农民专业合作社的区别主要表现为以下几点:首先,二者的成员构成不同。普通合伙制企业只要求有两个或两个以上的自然人组成;而有

---

[1] http://wiki.mbalib.com/wiki/ % E5 % 90 % 88 % E4 % BC % 99 % E4 % BC % 81 % E4 % B8 % 9A

限合伙企业则要求由2～50个合伙人组成,其中不能含有国有独资企业、国有企业、上市公司和公益性事业单位、社会团体。而农民专业合作社的成员,《农民专业合作社法》规定:具有民事行为能力的公民,以及从事与农民专业合作社业务直接有关的生产经营活动的企业、事业单位或者社会团体,能够利用农民专业合作社提供的服务,承认并遵守农民专业合作社章程,履行章程规定的入社手续的,可以成为农民专业合作社的成员。其次,二者的盈余方式不同。合伙制企业的盈余主要按照合伙协议分配,如果没有合伙协议的,则按照出资额的比例返还。如果合伙制企业,既没有相关的协议,也没有明确的出资额记录,则由其合伙人平均分配。农民专业合作社的盈余分配主要是按照回顾额返还的。再次,二者的运营方式不同。合伙制企业的经营方式主要是由合伙人共同决定的,合伙人享有执行与监督的权利。而农民专业合作社是有具体法人代表负责合作的经营管理。

6. 与股份制企业的区别

股份制企业是指由两个或以上的个体持有公司股票份额的企业组织形式。股份制,是在商品经济的条件下,信用制度达到了一定的发展程度之后出现的一种以投资入股的契约聚集生产要素,实现联合经营的一种经济制

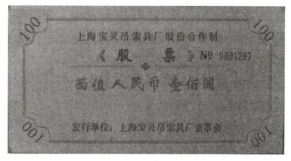

股票

度。在股份制公司中,股份就是企业组织的所有权凭证,公司可以通过公开、非公开的方式发行股票,并通过经营、投资、财务融资等方式创造利润来回报各位股东。股东除了可以享有股票获益之外,还可以出售手中的股票,将自己对公司的所有权利益转让给他人。

股份制企业与农民专业合作社的区别主要表现为以下几点:首先,股份制企业是以资本的合作为主,而农民专业合作社是以劳动的合作为主。其次,股份制企业的成员之间的地位是按其出资入股的多少决定的,并且其手中的股票可以转让。而农民专业合作社的成员,不论其出资多少,都有民主权利,另外,农民专业合作社的成员出资形成的股份不能进行转让。再次,股份制企业的利润分配按照入股比例进行分配,而农民专业合作社的盈利是按照成员提供的产品交易量或服务工作量决定的。

七、合作社的职能

据《农民专业合作社法》第二条规定,农民专业合作社以其成员为主要服务对象,提供农业生产资料的购买,农产品的销售、加工、运输、贮藏以及与农业生产经营有关的技术、信息等服务。由此可以看出,农民专业合作社的主要职能是为其成员提供各类产前、产中、产后服务,包括各类生产、技术、信息、生产资料供应、产品加工、储运和销售等专项服务。以便合作社成员能够联合进入市场,进而形成聚合的规模经济,提高市场竞争力,增加成员整体收入。

具体来说,农民专业合作社的职能可以分为以下四个方面。

1. 农民专业合作社的组织职能

随着农民专业合作社的不断发展,其在发展农村经济、增加农民收入方面的组织职能日渐凸显。农民专业合作社不仅可以按照国家的产业政策,组织成员及时地进行生产与销售活动,而且还能够根据国家产业规划以及相关的市场信息,组织农民进行专业化生产活动。另外,农民专业合作社还能够按照市场的需求和农民的意愿,建立起各种类型的专业生产合作社,进而提升农产品的市场竞争力。目前,随着市场经济的不断发展,农民专业合作社还能够直接将农村的劳动力转移到第二产业和第三产业的领域。

2. 农民专业合作社的中介职能

分散经营的农户,生产规模小,市场竞争力弱,无法与大公司、大市场进行直接的商贸交易,所以在其中间就需要一个中介角色来进行沟通与调和。无疑,农民专业合作社的出现为这一矛盾的解决提供了很好的契机。一方面,农户可以通过农民专业合作社这一中介来有效地避免市场风险;另一方面,大公司、大企业也能够通过农民专业合作社这一中介来节约交易成本。所以说,农民专业合作社作为农户与市场之间的中介职能是适应市场的现象。

3. 农民专业合作社的载体职能

这里所说的载体职能,是指农民专业合作社除了有单纯的组织职能、中介职能之外,还能够承办一些经济实体来促进合作社的整体发展。通过这些经济实体,农民专业合作社就能够实现其产前与产后的利益延伸,如增加农产品的附加值等,进而实现合作社成员的整体增收意义。

4. 农民专业合作社的服务职能

农民专业合作社的初衷就是要服务成员,包括产前、产中和产后等一系列服务。对于合作社成员来说,农民专业合作社提供的服务是最直接、最具体的,能够帮助他们了解市场动态、国家政策,也能够帮助他们解决自身无法解决的农业技术、资金问题等。

八、我国农民专业合作社的发展

经过实践的检验,农民专业合作社不仅有助于提升农民的市场竞争能力,保障农产品的质量安全,提升农产品的附加值,而且也有助于改善我国的"三农"格局,在一定程度上也加快了我国新农村的建设步伐。

回顾我国农民专业合作社的发展历程,最早可追溯到20世纪80年代。在党的十一届三中全会之后,我国农业和农村都进行了全方位的经济改革。农村家庭联产承包经营制度的实行更是从根本上确立了农民自身的经济独立地位,使得农民有资格以家庭为单位参与到市场竞争中。同时,这一制度的实行也为农村商品经济的发展提供了良好的基础。尤其是在80年代时,党中央、国务院实行了农村统购统销改革制度,使得农村经济更加向市场开放,逐步形成了以市场调节为主的农产品流通机制。也就是在这样的时代背景下,农民专业合作社应运而生,并进入了一个崭新的发展时期。

纵观我国农民专业合作社的发展,其萌芽阶段是指20世纪80年代至90年代初。在这个阶段,国家非常重视农民专业合作社的发展。在1987年,中共中央下发5号文件,指出:"农民自愿组成了多样化专业性的经济联合,这些联合既克服了家庭经营的局限性,获得了适度的规模效益,又不改变农户的产权和经营权,承认各自的独立利益,因而体现了自愿互利原则。这些联合以懂技术、善经营的人或骨干企业为核心,能适应当地条件,着眼于经济利益,因而有充分的生命力。"然而,此时的农民专业合作社刚刚起步,缺乏经验,所以其发展的典型特点就是:几家农户在一起相互研究种植技术,分享市场信息,共同购买农资产品和销售农产品。即当时的农民专业合作社的组织形式非常简单,管理也非常松散,基本上不存在较大规模的共有财产。

自20世纪90年代初至90年代后期,一直是农民专业合作社的起步阶段。为鼓励农民专业合作社的发展,国家也出台了相关政策。1994年,中央4号文件要求:"要加强调查研究,总结交流经验,抓紧制定《农民专业协会示范章程》,引导农民专业协会成为民办、民管、民受益的新型经济组织。"20世纪90年代中期,农业部还在山西、陕西、安徽等省开展农民专业合作社试点工作,这也标志着农民专业合作社进入了以民间为主,政府强力推进的阶段。这时的农民专业合作社,除了可以为合作社成员提供技术合作之外,还能够为社员们提供生产资料、产品销售、农产品运输、市场信息等服务。也就是在这个阶段,各种以农产品销售为主的农民专业合作社不断成立,而且其经营能力、组织能力均有了很大的提升。

进入 21 世纪之后,我国农民专业合作社的发展也进入了深化发展阶段。不仅数量规模得以扩大,而且不断呈现多样性。2006 年,对于农民专业合作社的发展是至关重要的一年,这一年,我国人大常委会第二十四次会议通过了《中华人民共和国农民专业合作社法》,并规定于 2007 年 7 月 1 日起施行。与此同时,《农民专业合作社登记管理条例》、《农民专业合作社示范章程》等国家法规政策也相继出台并实施,为农民专业合作社的发展提供了法律指导和法律依据。此外,为了规范农民专业合作社的财务会计工作,农业部和财政部联合发布了《农民专业合作社财务会计制度(试行)》政策。在党的十七届全国代表大会上,农民专业合作社更是被写入了全国代表大会政治报告中。在这个阶段,农民专业合作社的发展有目共睹。不仅农民专业合作社自身的经验、管理更加规范,而且社员自身的法律意识也有了很大的提升。作为农民和市场之间中介的农民专业合作社,在市场经济中的地位日渐巩固,也为社会主义新农村建设提供了良好的发展契机。

第二部分 农民专业合作社的服务

一、农民专业合作社的技术服务

2007年5月28日国务院发布了《关于深化改革加强基层农业技术推广体系建设的意见》,文件提出,要"逐步构建起以国家农业技术推广机构为主导,农村合作经济组织为基础,农业科研、教育等单位和涉及企业广泛参与,分工协作、服务到位、充满活力的多元化基层农业技术推广体系"。

在我国,农民专业合作社的出现不仅有效解决了农民生产技术不足、管理经验匮乏的问题,而且也有助于提升农产品的技术含量。由于各地区的农民专业合作社发展态势各不相同,所以其为合作社成员提供的技术服务也有区别。但总体来说,农民专业合作社向成员提供技术服务的形式主要为以下六种。

1. 引进新品种新技术

农民专业合作社会及时引进一些新品种、新技术,以便提升农产品的质量和品质,提升本合作社的生产经营水平,提高合作社成员的收入水平等。为做到这些,农民专业合作社就需要吸收相关技术部门或专业技术人员加入到合作社中,或者主动承担一些农业科技应用方面的项目等。

2. 实施技术培训项目

为帮助农民解决新引进的技术和品种难题,农民专业合作社会及时开展各式的技术培训课程予以辅导,如培训班、现场技术指导、组织农民参观科技示范区等。此外,一些农民专业合作社还经常加强与科研单位、农业推广机构之间的合作,以方便先进技术的及时传授,提升本合作社农民的整体素质。

3. 统一进行病虫害及动物疫病防治

在农产品生产过程中,病虫害及动物疫病的出现常常会导致产量的下降。所以,农民专业合作社的技术人员非常重视防治工作的开展。一些农民专业合作社常常会建立一些相关的植物病虫害防治机构、动物疫病防治机构等,并配备专业技术人员,帮助农民解决生产过程的难题,减少损失。

4. 设置专门的热线电话,及时帮助成员解决技术难题

设置专门的热线电话,不仅能够及时地帮助成员解决生产过程中遇到的一些技术难题,减少技术事故;而且还能够方便成员之间的技术交流等。

5. 开展农机作业服务

对于粗具规模的农产品开发等,农民专业合作社会开展一些农机作业服务,以减轻农民的生产负担,提高农业生产效率。

6. 实施与品牌建设结合的统一技术服务

在引进新技术、新品种的过程中,农民专业合作社也会为农民提供解决营销问题的方法。如请一些专家、技术人员帮助研发一些与市场接轨的技术服务等。此外,为达到《中华人民共和国农产品质量安全法》的规定,农民专业合作社的技术人员也经常会在农产品的种植、养殖、加工等方面投入研究精力。

小贴士 *农产品质量安全认证知识*

(1)无公害农产品认证。

所谓无公害农产品,指的是在无污染的环境中,采用安全的生产技术生产的不影响人体健康和生态环境的农产品。无公害农产品认证采取产地认定与产品认证双重结合的模式,打破了过往农产品质量安全管理分行业和分环节管理的理念。无公害农产品认证是以生产过程控制为重点,以产品管理为主线,以市场准入为切入点,以保证最终生产的产品的消费安全。无公害农产品产地认定主要解决农产品生产环节的质量安全控制问题;无公害农产品认证主要解决农产品的安全和市场准入问题。由此看来,无公害农产品认证的过程是一个自上而下的农产品质量安全的监督管理行为。

如何申请无公害农产品认定证书? 申请人可直接向产地所在县级农产品质量安全工作机构提出无公害农产品产地认定和产品认证一体化申请,并提交以下材料:[1]

---

[1] http://baike.baidu.com/link?url=fiJrFoOwae2nf04lxQSkKmRAWDfku9bCw-tsfT12gCVMjxxw1dWcmEqE5B7xFB_TYx_z6jcw85nvP4mw-RU75_

①《无公害农产品产地认定与产品认证申请书》；

② 国家法律法规规定申请者必须具备的资质证明文件(复印件)(如营业执照、注册商标、卫生许可证等)；

③《无公害农产品内检员证书》(复印件)；

④ 无公害农产品生产质量控制措施；

⑤ 无公害农产品生产操作规程；

⑥ 符合规定要求的《产地环境检验报告》和《产地环境现状评价报告》或者符合无公害农产品产地要求的《产地环境调查报告》；

⑦ 符合规定要求的《产品检验报告》；

⑧ 以农民专业合作经济组织作为主体和"公司＋农户"形式申报的,提交与合作农户签署的含有产品质量安全管理措施的合作协议和农户名册(包括农户名单、地址、种养殖规模)；如果合作社申报材料中填写的是"自产自销型、集中生产管理",请提供书面证明说明原因,并附上合作社章程以示证明；

⑨ 大米、茶叶、咸鸭蛋、鲜牛奶等初级加工产品还需提供以下材料：

加工技术操作规程；

加工卫生许可证复印件或全国工业产品生产许可证复印件；如果是委托加工的,需提供委托加工协议和受委托方的加工卫生许可证复印件或全国工业产品生产许可证复印件；

⑩ 水产类需要提供产地环境现状说明,区域分布图和所使用的渔药外包装标签；

⑪ 无公害农产品产地认定与产品认证现场检查报告；

⑫ 无公害农产品产地认定与产品认证报告；

⑬ 规定提交的其他相应材料。

无公害农产品认证证书的有效期为 3 年。如果期满之后仍需继续使用的，则应当在有效期满 90 日前按照无公害农产品复查换证的要求，进行复查换证。

（2）绿色食品认证。

所谓绿色食品，是对无污染的安全、优质、营养类食品的总称。绿色食品是遵循可持续发展原则，按照特定的生产方式生产的，并经国家有关的专门机构认定的，准许使用绿色食品标志的无污染、无公害、安全、优质、营养型的食品。1990 年 5 月，我国农业部正式规定了绿色食品的标准：① 产品或产品原料的产地必须符合绿色食品的生态环境标准；② 农作物种植、畜禽饲养、水产养殖及食品加工必须符合绿色食品的生产操作规程；③ 产品必须符合绿色食品的质量和卫生标准；④ 产品的标签必须符合我国农业部制定的《绿色食品标志设计标准手册》中的有关规定。

如何申请绿色食品标志？ ①

① 申请认证企业向市、县（市、区）绿色食品办公室（以下简称绿办），或向省绿色食品办公室索取并下载《绿色食品申请表》。

② 市、县（市、区）绿办指导企业做好申请认证的前期准备工作，并对申请认证企业进行现场考察和指导，明确申请认证程序及材料编制要求，并写出考察报告报省绿办。省绿办酌情派员参加。

③ 企业按照要求准备申请材料，根据《绿色食品现场检查项目及评估报告》自查、草填，并整改，完善申请认证材料；市、县（市、区）绿办对材料审核，并签署意见后报省绿办。

④ 省绿办收到市、县（市、区）的考察报告、审核表及企业申请材料后，审核定稿。企业完成 5 套申请认证材料（企业自留 1 套复印件，报市、县绿办各 1 套复印件，省绿办 1 套复印件，中国绿色食品发展中心 1 套原件）和文字材料软盘，报省绿办。

⑤ 省绿办收到申请材料后，登记、编号，在 5 个工作日内完成审核，下发《文审意见通知单》同时抄传中心认证处，说明需补报的材料，明确现场检查和环境质量现状调查计划。企业在 10 个工作日内提交补充材料。

---

① http://baike.baidu.com/link?url=fQljMji−P8osPDI4ZzSZfL6qm2uO6qnFDjkDlwfsBmlpx4h_rJoUD8PXhr1PS_L6

⑥ 现场检查计划经企业确认后,省绿办派2名或2名以上检查员在5个工作日内完成现场检查和环境质量现状调查,并在完成后5个工作日内向省绿办提交《绿色食品现场检查项目及评估报告》《绿色食品环境质量现状调查报告》。

⑦ 检查员在现场检查过程中同时进行产品抽检和环境监测安排,产品检测报告、环境质量监测和评价报告由产品检测和环境监测单位直接寄送中国绿色食品发展中心同时抄送省绿办。对能提供由定点监测机构出具的一年内有效的产品检测报告的企业,免做产品认证检测;对能提供有效环境质量证明的申请单位,可免做或部分免做环境监测。

⑧ 省绿办将企业申请认证材料(含《绿色食品标志使用申请书》《企业及生产情况调查表》及有关材料)、《绿色食品现场检查项目及评估报告》《绿色食品环境质量现状调查报告》《省绿办绿色食品认证情况表》报送中心认证处;申请认证企业将《申请绿色食品认证基本情况调查表》报送中心认证处。

⑨ 中心对申请认证材料做出:"合格"、"材料不完整或需补充说明"、"有疑问,需现场检查"、"不合格"的审核结论,书面通知申请人,同时抄传省绿办。省绿办根据中心要求指导企业对申请认证材料进行补充。

⑩ 对认证终审结论为"认证合格"的申请企业,中心书面通知申请认证企业在60个工作日内与中心签定《绿色食品标志商标使用许可合同》,同时抄传省绿办。

⑪ 申请认证企业领取绿色食品证书。

（3）有机食品的认证。

有机食品，又称生态或生物食品，是国际上对无污染天然食品比较统一的提法。有机食品，是根据国际有机农业生产要求和相应的标准生产加工的，完全不用化学合成的化肥、农药、生长调节剂等物质。在我国，市场主要销售的有机食品有蔬菜、茶叶、蜂蜜等。

一般来说，有机食品生产的基本要求有以下几点：[①]

① 生产基地在三年内未使用过农药、化肥等违禁物质；

② 种子或种苗来自自然界，未经基因工程技术改造过；

③ 生产单位需建立长期的土地培肥、植保、作物轮作和畜禽养殖计划；

④ 生产基地无水土流失及其他环境问题；

⑤ 作物在收获、清洁、干燥、贮存和运输过程中未受化学物质的污染；

⑥ 从常规种植向有机种植转换需两年以上转换期，新垦荒地例外；

⑦ 生产全过程必须有完整的记录档案。

有机食品加工的基本要求有以下几点：

① 原料必须是自己获得有机颁证的产品或野生无污染的天然产品；

② 已获得有机认证的原料在终产品中所占的比例不得少于95%；

③ 只使用天然的调料、色素和香料等辅助原料，不用人工合成的添加剂；

④ 有机食品在生产、加工、贮存和运输过程中应避免化学物质的污染；

⑤ 加工过程必须有完整的档案记录，包括相应的票据。

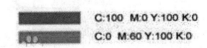

C:100 M:0 Y:100 K:0

C:0 M:60 Y:100 K:0

二、农民专业合作社的生产资料购销服务

在农民专业合作社为成员们提供的一系列服务中，生产资料购销服务算是

---

① http://baike.baidu.com/link?url=hgFMol_24huxjzDx-2aEITiTwzB2tdsy_8kohbDhduSUpK
Y55AEdjlJ5n0OYClRL

最重要的一项。所谓"生产资料购销服务",是指由农民专业合作社统一为其成员购买所需的生产资料和销售生产的农产品,以及提供与购销活动相关的加工、运输和贮藏服务等。农民专业合作社的生产资料购销服务,不仅可以降低成员的交易风险和交易成本,保护其合法利益;而且也能够提升农产品的竞争力,增加农民的收入。此外,在农民专业合作社有秩序的采购销售下,还可以有效地防止假冒产品混入市场,提升农产品的质量。

首先,农民专业合作社联合购买农产品的方法主要有以下几种:

(1)农民专业合作社可以根据社员的需求,向社员发放优惠卡。社员可凭借优惠卡获得合理价格的生产资料。

(2)农民专业合作社可以设立生产资料批发部或服务中心,与一些厂家或经销商达成协议,以低于市场的优惠价格为社员购买生产资料。

(3)农民专业合作社还可以事先请社员预约其所需要的生产资料,最终以统一的方式向商家下订单购买。

结合各地农民专业合作社的实践经验,在一些情况下,农民专业合作社联合购买生产资料的行为并不能够顺利进行。究其原因,是因为农民专业合作社忽视了两个重要的因素:一是农民专业合作社与成员之间的交易价格是否合理;二是农民专业合作社在最后的可分配盈余方面是否坚持按交易量(额)进行二次分配。对于农民专业合作社的成员来说,二次返还的利益所得是吸引他们将自身生产的农产品纳入合作社交易的关键因素。只有坚持按交易量(额)进行二次分配,与成员之间的交易价格达成一致的农民专业合作社才能获得较高数量、较高质量的农产品,才能获得稳定的收入和运行规模。

其次,农民专业合作社联合销售农产品的方法主要有以下几种:

1. 订单销售

这是农民专业合作社最常见、风险较小的一种产品销售方式。所谓订单销售,是指农民专业合作社按照与批发市场、大型连锁超市和公司等签署的订单合同交易销售农产品。

2. 选择代理商

顾名思义,选择代理商就是指农民专业合作社经过市场调研和洽谈之后,选择一些合适的代理商来帮助合作社销售农产品资料。一般来说,委托代理商来销售农民专业合作社的农产品,有助于减低销售流通成本,但是很有可能会使得合作社处于被动状态,所以应该要谨慎选择这种方式。

3. 自建销售机构

农民专业合作社自身直接建构销售机构,如专营店、直销店等,这种模式能够直接控制农产品的生产价格,可以有效减低中间环节的利润流失,能够保障合作社的盈利。但是,这种模式并非所有农民专业合作社都适用,毕竟其需求该农民专业合作社有较高的经济实力、直销能力和较多的农产品规模。

4. 直接进入批发和零售环节

这种销售模式更适合于一些规模较小的农民专业合作社,因为这种模式的销售价格一般都低于直销价格,不利于农民专业合作社获得更多的盈利。

5. 特许经营

所谓特许经营,就是指农民专业合作社直接将生产的农产品特许给一些机构进行销售。这类产品主要是指有一定特点的、有知名度的、市场销量好的产品,一般不存在质量问题和信誉问题。

总体来说,每个农民专业合作社应当从实际出发,根据其自身生产经营的产品、产品规模与质量以及其所处环境与大中城市距离的远近等条件来采取适合的销售模式和营销渠道,以获取更多的市场利润,增加社员的收入。但是,无论选取哪一种营销模式,每个农民专业合作社都应该思考如何打造其优势品牌的问题。对于任何一个农民专业合作社来讲,品牌是其打通市场大门的钥匙,实施品牌战略,能够赢得更多是市场份额,确定更有优势的产品价格,增加农产品的附加值。所以,对于每一个农民专业合作社来讲,树立品牌意识,提升农产品质量,做好农产品质量认证工作,建立和完善农产品品牌管理体系,以及赢得政府对合作社农产品品牌的信任是非常重要的一项工作。

小贴士 农产品市场营销的主要策略有哪些?

如何将农民专业合作社生产的农产品销售到市场中,获得较大的市场份额,是每个合作社都必须思考的重要问题。所以,了解一些农产品市场营销知识便显得非常重要。在选择农产品营销方案时,必须要实事求是地依据本合作社的实际情况和农产品的特点,选择合适的最佳方案。

(1)尽可能广泛地搜集农产品的市场供求信息和农业生产信息,并结合本地的自然等资源条件,开发农产品和调整农产品的生产结构等。如种植反季节农作物等。

(2)尽可能地采用多样化的促销手段。比如,适时地举行一些农产品推销会,提升当地农产品的市场知名度;开展一些山货节、瓜果展等,并通过报纸、广播等媒介进行推广;向工商管理机构申请注册一些优质特色的农产品商标等,提升农产品的信誉等。

（3）尽可能多地采取不同的渠道和方法来推动农产品的销售。如集市贸易、批发贸易、分期销售、合同销售等。

（4）做好农产品的前期工作，如对农产品进行分级、包装和加工等售前处理，以便能够满足不同层次的消费者的需求，或提升消费者的消费欲望等。

（5）采用网络营销的方式。在当今的信息化时代，通过网络电子商务的方式销售农产品比如会吸引一批网购者的注意，加大农产品的消费群体。此外，以网络为媒介，还能够促使农产品的交易与货币支付迅速便捷地完成。

案例　宁国市万林苗木产业合作社

近年来，宣城市众多农业专业合作社积极开展信息化建设，推动互联网科技的应用，开拓网络销售业务，不断拓宽特色农产品销售渠道，1 000 多家农业专业合作社呈现出蓬勃发展的良好势头，带动了 27 万户农户增收致富。

成立于 2006 年的宁国市万林苗木产业合作社在成立之初，由于合作社地处偏远山区，信息不畅，种植的 1 000 多亩绿化苗木只能依靠经销商上门收购，销售渠道窄导致苗木价格远远低于市场水平，农户每亩苗木收入只有 1 000 多元。

就在合作社发展举步维艰的时候，当地政府帮助合作社建立起网站，合作社社员们可以随时将种植的苗木图片、价格和规格在网络上发布，并可以通过网络进行业务交易。网站刚刚建立起来，合作社种植的优质苗木就吸引了许多外地客商的关注和兴趣。依托于网络的优势，万林苗木合作社很快就拓宽了销售渠道，彻底改变了以往信息不灵、卖苗木难、销售成本过高

合作社的发展

等问题，有力带动了当地苗木种植发展，仅仅 3 年时间，合作社苗木基地扩大 4.5 倍，带动农户 1 300 多户，苗木种植面积扩大到 6 000 多亩，每年发布产品供求信息 2 458 条，网上交易额达到 700 多万元，销售收入由最初的 100 万元激增到

现在的 1 000 多万元,农户每亩苗木收入也达到 7 000 元左右。

据宣城新闻网报道,像宁国市万林苗木产业合作社依托电子商务进行网络销售实现快速发展一样,近年来,宣城市积极帮助和引导农业专业合作社开展信息化建设,培训信息员 770 人,建成 91 个合作社示范网站,合作社网站 263 个,逐步推进农民专业合作社实现生产在社、营销在网、业务交流、资源共享,全市农民专业合作社如雨后春笋般迅速发展。截至 2012 年 5 月,各类农民专业合作社达 1 188 个,是带动农户 275 359 户,合作社统一组织网络销售农产品总值达 20 亿元。

(资料来源:中国农民专业合作社网,2012 年 5 月)

三、农民专业合作社的信贷服务

有条件的农民专业合作社,可以根据其自身的实际情况帮助成员解决贷款难的问题。当然,并不是所有的成员都有资格享受合作社的信贷服务,其必须符合以下条件:

(1)农民专业合作社成员贷款应具备的条件:

(2)年满 18 周岁,具有完全民事行为能力、劳动能力或经营能力的自然人;

(3)户口所在地或固定住所(固定经营场所)必须在信用社的服务辖区内;

(4)有合法稳定的收入,具备按期偿还贷款本息的能力;

(5)在信用社开立存款账户;

(6)信用等级 A 级(含)以上;

(7)信用社规定的其他条件。

对于农民专业合作社来讲,其提供信贷服务的模式主要有以下四种:

(1)辅助农村正规的金融机构开展一些农户小额信用贷款服务。

由于农民专业合作社扎根基层,对于成员都比较熟知,这便为农民与金融机构创建了优良的信用环境,加快农民获取贷款的速度;此外,也有助于协助金融机构完成催收贷款本息的工作。

(2)对于那些在向金融机构申请借贷时抵押品不足的合作社成员,有一定经济实力的农民专业合作社应该为其提供担保,帮助其获得贷款。

(3)一些加工型、流通性的农民专业合作社,可以先以合作社的名义申请贷款,然后再转贷给合作社成员。或者,农民专业合作社还可以直接向成员提供生产资料等,将资金以实物的方式转给成员,最后从成员向合作社创造的收入中获取偿还。

（4）农民专业合作社还可以允许其成员之间直接进行资金互助行为。党的十七届三中全会发行的《中共中央关于推进农村改革发展若干重大问题的决定》指出："允许有条件的农民专业合作社开展信用合作"。

案例[①]

为贯彻落实党的十七届三中全会、中央农村工作会议精神及银监会、农业部《关于做好农民专业合作社金融服务工作的意见》，四川省岳池县农村信用合作联社积极响应，将支持农民专业合作社作为金融支持农业农村经济新的着力点，及时调整信贷政策，改善金融服务，与农民专业合作社"同呼吸"。

岳池县是传统的农业大县，农业资源丰富，是全国商品粮生产基地县、生猪生产基地县、农业产业化建设试点县。近年来，随着农业产业结构的进一步调整和优化，岳池县各种不同类型的农民专业合作社也慢慢成长起来，逐渐形成多元化、多层次、多形式的经营服务体系，成为广大农民增强抗御风险能力、走向市场、增收致富的重要合作经济组织。

农民专业合作社的资金互助

岳池县农村信用社作为服务地方经济的金融"主力军"，针对农民专业合作社的资金需求特点，将服务意识从"大三农"向"小三农"转变，积极顺应农民群众的意愿和要求，为农民专业合作经济组织及其成员农户提供信贷资金支持，帮助他们克服在加工、运输、储藏、流通等多个环节的资金困难，有力引导和推动了农民专业合作社的快速发展。

（资料来源：湖南省农业产业化服务局，2009-08-06）

---

① http://www.hnai.gov.cn/new/30388　湖南省农业产业化服务局

小贴士 **农民专业合作社向农村信用社申请贷款应具备的条件**

（1）经工商行政管理部门核准登记，取得农民专业合作社法人营业执照；

（2）有固定的生产经营服务场所，依法从事农民专业合作社章程规定的生产、经营、服务等活动，自有资金比例原则上不低于30%；

（3）具有健全的组织机构和财务管理制度，能够按时向农村信用社报送有关材料；

（4）在农村信用社开立存款账户，自愿接受信贷监督和结算监督；

（5）信用等级在A级以上；具有偿还贷款本息的能力，无不良贷款及欠息；

（6）持有中国人民银行颁发并经过年鉴的贷款卡；

（7）信用社规定的其他条件。

四、农民专业合作社的其他服务

1.保险服务

农民专业合作社可以与保险机构合作，为成员提供保险服务。在此项服务中，农民专业合作社担任的主要角色是：首先，引导合作社成员正确认识农业保险的性质，支持成员以个人的身份投保，或以农民专业合作社的身份整体投保；其次，及时向成员和保险机构反馈信息，以便维护双方的利益；再次，发生灾难时，积极组织成员开展抗灾工作，并协助保险机构开展保险理赔工作。

案例 **上海农民专业合作社的保险探索之路**

近年来，在各级政府部门的关心和支持下，我国农民专业合作社这一组织形式得到了迅猛发展。事实证明，发展农民专业合作社一方面较好地解决了"千家万户小生产"与"千变万化大市场"之间的矛盾，对提高农业规范经营、降低生产经营成本、提升农业标准化、品牌化生产、提高市场竞争力、增加农民收入无疑是一项重要举措。

但同时，随着专业合作社生产与经营规模的集中，风险也相对集中。这对依托弱质产业的农业合作社本身来说，生产自救资金短缺，抵御风险特别是抵御自然风险的能力就显得相对脆弱。因此，如何规避农业生产风险，转嫁风险可能导致的经营损失，就成了广大专业合作社的心头之患。然而如何解除广大专业合作社的后顾之忧，对我国陆续成立的政策性专业农业保险公司来说无疑既是一个发展机遇，更是一份义不容辞的责任。上海安信农业保险公司作为国内第一家成立的专业农业保险公司，就在这方面作出了有益的探索。

加强调研 了解需求 发挥优势

在对农民专业合作社进行深入调查过程中,安信公司认识到,农民专业合作社既是农村合作经济一种新的模式,也是农业保险新的载体、新的突破口。公司成立不久,就把支持服务农民专业合作社保险工作放到重要位置,并落实专人跟踪调研,积极参与,稳妥推进。其中重点是对专业合作社在各区县的布局和所开展的种养两业情况进行排摸。在调查中他们注意到,过去由于农业生产分散,一家一户,农业保险不易开展,而现在农民专业合作社的建立,把分散的农户集中起来,为农民提供产前、产中、产后的全程服务,形成了生产规模,解决了社区集体经济组织"统"不起来,国家经济技术部门包揽不了,农民单家独户解决不了的事。这不仅符合广大农民的愿望,也方便了农业保险业务集中承保、集中理赔的开展,节约了公司综合经营成本。

政策支持 补贴到位 农民受惠

为切实降低农民专业合作社生产风险,扶持和促进合作社健康发展,安信公司在充分调研后,提出在2004年农业保险已实施的四大险种基本保险基础上,2005年对合作社同步实行基本保险与补充保险的运行机制,并将这一信息迅速传递到各区县合作社进行宣传。凡经上海市工商部门注册登记的合作社,其合作社生产的农产品属于上海市农业保险政策补贴范围的险种,可按合作社组织

农业保险

形式,享受上海市基本保险与补充保险的政策,即水稻、生猪、家禽、奶牛按应缴保费的35%给予基本保险投保;蔬菜、淡水养殖、林木(果林)、小麦、西甜瓜在参加补充保险的基础上按应缴保费的30%给予保费补贴。同时,合作社在投保补充保险时,只要自交保费达到应交保费的50%以上(含50%),即可享受财政的保费补贴。发生保险损失,还可以得到在保险金额范围内实际损失的70%的经济补偿。一些经济条件较好的区县还另外对农民自交的补充保险给予20%~30%的财政补贴,从而调动了农民专业合作社的投保积极性。目前全市农民专业合作社中,投保率已近45%。公司将从种养两业保险入手,在取得经

验后,逐步扩大到农民的家财、农机具、农民人身意外险和农村合作医疗等保险领域,从而不断完善农业保险保障体系。

贴近市场 扩大宣传 初见成效

上海金山区"皇母"蟠桃不但种植面积大,而且经济效益好,"皇母"蟠桃远近闻名。为扶持和促进这一专业合作社的健康发展,消除合作社农民在生产过程中遭受自然风险所带来的后顾之忧,使风险损失能得到合理的经济补偿,安信农业保险公司有关人员深入农村、田间,积极走访,并与蟠桃种植合作社联合召开了有部分股东及社员参加的"蟠桃保险宣介会"。会后,不少社员对蟠桃保险表现出了浓厚的兴趣,并进行了现场咨询,许多社员当即就表达了投保意向并填写了投保清单。最近,"皇母"蟠桃种植合作社已向安信公司投保了450多亩的蟠桃保险,保额达300万元。这不仅标志着农民专业合作社保险进入了实质性的启动阶段,也为探索上海农民专业合作社保险的开展提供了有益的经验。

(资料来源:新浪网 2005-06-10)

2. 人才开发服务

农民专业合作社的发展离不开优秀的人才,所以各地的农民专业合作社都很注重人才开发与培训工作的开展。如通过一些岗前培训工作、专题组织讲演、定向外出学习等方式,组织成员提升自身的专业素养和实际工作能力,进而为农民专业合作社培养一批优秀的经营管理人才、专业技术人才、储运加工产业技术人才等。

3. 文化建设服务

为不断提升农民专业合作社成员的科学文化素质,增强合作社的凝聚力,合作社需要开展一些文化建设工作,以促进成员之间的合作经济,改善农村的整体精神面貌,促进乡风文明等。具体来说,农民专业合作社的文化建设工作需要从以下几方面着手。首先,农民专业合作社的组织成

人才开发和文化建设服务

员要在思想上重视合作社的文化建设。只有这样，合作社的文化建设才能得以长久地持续下去，而不流于表面工作。其次，要保证一定数额的文化建设经费。农民专业合作社的文化建设是一项长期性的工作，所以有条件的农民专业合作社要制订好经费投入计划，以便文化建设能够顺利有序地开展下去。如，可以建设一些图书馆、文艺体育活动场所等。再次，农民专业合作社也可以与相关政府部门联系，以便获得政府的支撑，更有利于农民专业合作社的文化建设工作的进行。

第三部分 农民专业合作社的组建和运营

一、如何成立合作社？

农民专业合作社的成立组建，需要经过一定的法律程序才能取得合法的法人资格，进而从事经济和民事活动。一般来说，农民专业合作社的成立组建工作主要有以下多个环节。

1. 发起环节

农民专业合作社的发起人就是组建农民专业合作社的创始人，其应该是从事同类或相关的农产品生产经营的自然人和企业法人。发起人需要在农民专业合作社成立之前，从事策划、组织、宣传、制定规章制度等工作。

农民专业合作社的发起人至少要有 5 人之上。一个合格的发起人至少应该具备以下条件：第一，坚持党的路线、方针、政策，政治素质好，组织能力强；第二，其从事的业务活动在本地本行业内有较大的影响力，一般为专业大户、农村经纪人、村"两委"干部等；第三，具有完全民事行为能力；第四，热爱合作社事业，愿意为农民专业合作社服务；第五，掌握了相关的专业技术知识，有良好的业务素质。

在筹建农民专业合作社的过程中，发起人应该如实登记，并填写农民专业合作社发起人登记表。此外，发起人还需要起草发起倡议书，以便使农民了解农民专业合作社的宗旨和服务内容，吸引广大农民加入。

范例　**关于成立荆沙机插秧专业合作社的倡议书**[①]

各位插秧机机主：

　　农民专业合作社是国家大力倡导发展的农村经济合作组织,它是在农村家庭承包经营基础上,农业经营者采取自愿联合、民主管理的方式成立的互助性经济组织。目前在农业生产和流通领域已经有一大批专业合作社在成功运作,很好地维护了农民的合法权益,增加了农民收入。

　　机械化插秧是一项深受农民欢迎的新技术,我们作为机插秧的先行者率先购置了插秧机,率先开展了机插秧作业服务,成为了一方机插秧的带头人和领路人。但是我们也面临着一些困难和问题,如作业面积不能保证、机具利用不充分、作业价格不高、产品质量不能保证、产品售后服务不到位、相关技术培训难等等。

秧苗培育

　　怎样解决这些困难和问题? 这就要求我们团结起来,加强联合,组建合作社,通过合作社的运作来使我们的利益最大化。为此我们倡议成立荆沙机插秧专业合作社,市内所有插秧机用户可以用已购置的插秧机及其他实物或资金入社。合作社将以服务成员、谋求全体成员的共同利益为宗旨,实行自主经营,民主管理,盈余返还;合作社内所有成员地位平等、加入自愿、退出自由、利益共享、风险共担。合作社主要开展以下业务:宣传和贯彻落实国家有关农业机械化的方针、政策和法律法规,为社员购置农业机械争取政策支持;向政府和有关部门反映社员的意见和合理要求,维护社员的合法权益;组织社员开展机插秧与配套育秧技术的辅导与培训,组织社员与社员之间、社员与有关单位之间的技术交流与合作;组织社员开展机插秧服务,向社员提供机插秧市场需求信息并组织社员开展跨区机插秧作业。

让我们携起手来,一起努力,建好我们共同的家——荆沙机插秧专业合作社。

联系电话:84×× 联系人:唐××

倡议人:荆州市农机化技术推广站

沙市区岑河镇西湖村 孙××

沙市区岑河镇东湖村 王××

荆州区纪南镇岳场村 熊××

荆州区纪南镇岳场村 吕××

荆州市良种场 梅××

荆州区马山镇安碑村 曾××

2007 年 8 月 1 日

2. 可行性分析环节

按照农业部下发的《农民专业合作社示范章程(试行)》的规定,各农民专业合作社可以根据其具体的实际情况,选择以下几种业务作为其合作社的业务范围:第一,提供本组织成员在生产和生活方面所需的资金;第二,对成员进行技术指导和服务,引进新技术、新品种,举办技术培训、示范,开展技术交流,组织内外经济技术协作;第三,采购和供应成员所需的生产资料和生活资料;第四,从事农产品的运输、加工、贮藏和销售业务;第五,对外签订合同,开展与经济部门、科研单位及其他经济组织的合作;第六,向成员提供有关经济、技术信息;第七,本组织需要的其他业务。

在这些政策的引导之下,农民专业合作社还需要结合自身的实际情况,确定符合其生产发展的经营内容。发起人在成立农民专业合作社之前,应该主动和相关部门取得交流,并听取意见。如与农业科研单位、农技推广部门取得联系,可以更全面地了解其合作社的未来发展方向等。

3. 确定合作社名称和住所环节

《农民专业合作社法》规定,农民专业合作社应该有能够体现其合作社经营内容和特点的名称,并且应该有且只有一个固定的场所。关于农民专业合作社的名称,一般情况下需要用全称,也可以有简称,但必须以向工商局取得的企业名称为准。关于农民专业合作社的住所,并不完全要求合作社必须有一个专属于自身的法定场所。对于那些刚刚成立的规模较小的合作社来说,合作社的场所可以选择在发起人的家里。

4. 起草专业合作社章程环节

农民专业合作社章程是申请有关部门注册的主要文本,是农民专业合作社设立内部组织机构、开展活动的基础和依据。关于农民专业合作社章程,必须在法律允许的范围内,广泛征求拟入社成员的意见的基础上制定,必须经设立大会讨论并通过。《农民专业合作社法》第十二条规定,农民专业合作社章程应该包括的内容有:农民专业合作社的名称和住所,业务范围,成员资格及入社、退社和除名内容,成员的权利和义务,合作社的组织机构及其产生办法、职权、任期和议事规则,合作社的财务管理和盈余分配、亏损处理,合作社的章程修改程序,合作社的解散事由和清算办法,合作社的公告事项及发布方式以及其他需要规定的事项。

5. 制定经营管理制度环节

农民专业合作社的经营管理制度,应该包括组织机构的设置、会议制度、工作规则、财务会计制度等。这些经营管理制度需要在第一次成员大会上交由全体成员讨论通过后再实施。

6. 吸收成员入社环节

在执行好以上工作环节之后,农民专业合作社的发起人就应该通过一些合法途径发展社员,以壮大合作社的规模。在执行这些工作之前,发起人应该认真学习《农民专业合作社法》等相关文件,深入了解文件精神,以便能够向农民正确地传递有关农民专业合作社的相关知识,提升农民参加合作社的积极性。

7. 召开成立大会环节

《农民专业合作社法》第十一条规定,设立农民专业合作社应该召开由全体设立人参加的设立大会。设立时自愿成为该社成员的人为设立人。

农民专业合作社成立大会的会议内容应该包括:第一,通过本社章程,章程应当由全体设立人一致通过;第二,选举产生理事长、理事、执行监事或者监事会成员;第

三,审议其他重大事项,如讨论修改和本组织章程、本组织内部各项经营管理制度、本组织年度工作计划和其他有关事项。在召开成立大会之前,相关负责人应该做好以下工作:第一,起草大会主持词;第二,准备好业务主管部门对成立该合作社的批复;第三,宣读合作社章程;第四,写好筹备工作报告;第五,起草选举办法及说明;第六,确定专业合作社的管理机构。

范例 ×××农民专业合作社成立大会主持词

尊敬的各位领导、各位来宾、各位朋友、各位社员:

今天,×××农民专业合作社成立了。我代表合作社向出席会议的各位领导、各位来宾、各位朋友表示热烈的欢迎和衷心的感谢!

出席今天成立大会的有尊敬的市县领导、有到会祝贺的友好单位的代表,有关心支持我们的朋友,新闻单位的朋友,部分乡镇畜牧站的领导,合作社社员代表。

到会祝贺的单位有:×××。

下面,向大家隆重介绍出席今天成立大会的领导:

×××,×××

今天的成立大会共有六项议程。

下面,大会进行第一项议程:请合作社发起人之一的×××同志介绍×××农民专业合作社的筹备情况。

大会进行第二项议程:请×××同志宣读×××农民专业合作社成立批文。

大会进行第三项议程:给合作社授牌授印。请×××同志给×××农民专业合作社授牌,请合作社监事长×××接牌;请×××同志给×××农民专业合作社授印,请合作社理事长×××接印。

大会进行第四项议程:请×××农民专业合作社理事长×××同志发言。

大会进行第五项议程:请祝贺单位代表讲话。

①请×××有限责任公司的代表讲话;

②请×××有限责任公司的代表讲话;

③请×××有限责任公司的代表讲话;

大会进行第六项议程:请市县领导讲话。

①请×××同志讲话;

②请×××领导讲话;

③请×××领导讲话；

×××农民专业合作社成立大会圆满成功。谢谢大家。

----

8. 办理登记手续环节

在组建农民专业合作社的发起工作告一段落之后，相关负责人就应该依据《农民专业合作社登记管理条例》的规定向所在地的工商行政管理局部门依法登记，领取农民专业合作社法人营业执照，取得法人资格。

农民专业合作社办理登记手续

农民专业合作社的登记成立需要涉及工商、税务、质监、银行等诸多环节，至少走完以下五个程序。

第一步：申领合作社法人营业执照。

办理部门：工商行政管理局。

依据：《合作社登记管理条例》。

提交材料：① 设立登记申请书；② 全体设立人签名、盖章的设立大会纪要；③ 全体设立人签名、盖章的章程；④ 法定代表人、理事的任职文件和身份证明；⑤ 全体出资成员签名、盖章予以确认的出资清单；⑥ 法定代表人签署的成员名册和成员身份证明复印件；⑦ 住所使用证明；⑧ 指定代表或者委托代理人的证明；⑨ 合作社名称预先核准申请书；⑩ 业务范围涉及前置许可的文件。

收费内容：不收任何费用。

注意事项：① 农民专业合作社名称为：行政区划 + 字号或商号 + 产业类别 + 专业合作社；② 农民专业合作社法人营业执照不需要年检。

第二步：办理合作社公章。

办理部门：公安局。

依据:《公安部印章管理办法》。

提交材料:合作社法人营业执照复印件、法人代表身份证复印件、经办人身份证复印件。收费内容:刻章费,根据材料不同,几十元到一百元不等。

注意事项:目前专业合作社需要的公章有行政章、财务专用章、法人代表章共三枚。

第三步:申领组织机构统一代码证。

办理部门:质量技术监督局。

依据:《××省组织机构代码管理办法》。

提交材料:① 合作社法人营业执照副本原件及复印件一份;② 合作社法人代表及经办人身份证原件及复印件一份;③ 如受他人委托代办的,须持有委托单位出具的代办委托书面证明。

收费内容:148 元/证,工本费:正本每份 10 元,副本每份 8 元;技术服务费90 元;IC 卡工本费每卡 40 元。

注意事项:① 合作社自工商局批准成立或核准登记成立之日起 30 日内办理组织代码证。② 代码证有效期限为四年,到期需要换证;代码证实行年检制度;年审费 25 元/次。

第四步:申领税务登记证。

办理部门:国家、地方税务局。

依据:《税务登记管理办法》。

提交材料:① 法人营业执照副本及复印件;② 组织机构统一代码证书副本及复印件;③ 法定代表人(负责人)居民身份证或者其他证明身份的合法证件复印件;④ 经营场所房屋产权证书复印件;⑤ 成立章程或协议书复印件。

收费内容:2009 年中央一号文件明确,将合作社纳入税务登记系统,免收税务登记工本费。

注意事项:① 合作社应当自领取工商营业执照之日起 30 日内申报办理税务登记,未按照规定期限申报办理者,可处 2 000 元以下的罚款;② 税务登记证定期验证、换证和年检,一年验证一次,三年更换一次。

第五步:办理银行开户和账号。

办理部门:任意一家商业银行、农村信用社。

依据:《银行账户管理办法》。

提交材料:① 法人营业执照正、副本及其复印件;② 组织机构代码证书正、副本及其复印件;③ 农民专业合作社法定代表人的身份证及其复印件;④ 经办人员身份证明原件、相关授权文件;⑤ 税务登记证正、副本及其复印件;⑥ 合作社公章和财务专用章及其法人代表名章。

收费内容:不收费。

注意事项:在银行办理完账号、账户后,需要提交账户到国家税务局;每月到国税局报税。

至此,一个合法完善的农民专业合作社才算是真正成立了。

小贴士 **农民专业合作社的成立条件有哪些?**

《农民专业合作社法》明文规定成立农民专业合作社必须满足以下条件:

(1)有五名以上符合以下规定的成员:具有民事行为能力的公民,以及从事与农民专业合作社业务直接有关的生产经营活动的企业、事业单位或者社会团体,能够利用农民专业合作社提供的服务,承认并遵守农民专业合作社章程,履行章程规定的入社手续的,可以成为农民专业合作社的成员。但是,具有管理公共事务职能的单位不得加入农民专业合作社。

农民专业合作社应当置备成员名册,并报登记机关。

农民专业合作社的成员中,农民至少应当占成员总数的百分之八十。

成员总数二十人以下的,可以有一个企业、事业单位或者社会团体成员;成员总数超过二十人的,企业、事业单位和社会团体成员不得超过成员总数的百分之五。

农民专业合作社成立的条件

(2)有符合本法规定的章程。

即必须要有农民专业合作社章程。

(3)有符合本法规定的组织机构。

农民专业合作社的组织管理机构一般包括:成员代表大会,即农民专业合作社的最高权力机构、决策机构;理事会和监事会,即农民专业合作社的执行机构;理事长,即农民专业合作社的法人代表;内部机构,即专门负责农民专业合作社的生产、经营、销售等工作。

(4)有符合法律、行政法规规定的名称和章程确定的住所。

确定下该合作社的住所,既便于促进交易的顺利进行,也便于为该交易留下确立法律事实、法律关系和法律行为发生地的重要依据。但是,就我国农民专业合作社的组织特征和交易特点来看,也不一定必须有一个专属于合作社的法定场所,只要有某个成员的家庭住址作为登记住所地即可。

(5)有符合章程规定的成员出资。

一般来说,明确成员的出资有两方面的意义。首先,可以将成员的出资作为合作社从事经营活动的主要资金来源;其次,成员的出资也可以为合作社对外承担债务责任的信用作担保。在我国,由于农民专业合作社类型多样,经营的内容和经营的规模都有很大的差异,所以《农民专业合作社法》在规定成员是否出资以及出资方式和出资额方面并没有作出明确的规定。就全国各地合作社的立法实例来看,合作社在出资问题上基本上都为农民设置了较低的门槛。也就是说,所谓的出资只是象征性出资,并不作过分要求,甚至会不设任何门槛。

二、怎样注册合作社?

设立农民专业合作社,办理其工商注册登记手续,通常是需要由农民合作社的全体设立人(社员)推举的代表(发起人)或者共同委托的代表人牵头组织、办理和落实。一般来说,成立农民专业合作社需要到工商行政管理部门申请营业执照,并提交以下文件:

（1）登记申请书；

申请书的主要内容应该包括申请人、申请请求及相关文件的依据等；

（2）全体设立人签名、盖章的设立大会纪要；

纪要的内容主要包括会议的召开时间、地点、与会人员、会议讨论的问题、所达成的决议、章程通过情况等；

（3）全体设立人签名、盖章的章程；

（4）法定代表人、理事的任职文件及身份证明；

（5）出资成员签名、盖章的出资清单；

（6）住所使用证明；

（7）法律、行政法规规定的其他文件。

对此，《农民专业合作社法》第十三条还规定：

登记机关应当自受理登记申请之日起二十日内办理完毕，向符合登记条件的申请者颁发营业执照。

农民专业合作社法定登记事项变更的，应当申请变更登记。

农民专业合作社登记办法由国务院规定。办理登记不得收取费用。

《农民专业合作社法》明确规定了农民专业合作社法定登记事项变更的，应该申请变更登记。法定的登记事项变更，主要指：经成员大会法定人数表决修改章程的，成员及成员出资情况发生变动的，法定代表人、理事变更的，农民专业合作社的住所地变更的，以及法律法规规定的其他情况发生变化的。

小贴士　农民专业合作社如何取得法人资格？

《农民专业合作社法》第四条明确规定，农民专业合作社依照《农民专业合作社法》登记，取得法人资格。

《农民专业合作社法》第十条规定，农民专业合作社要成为法人，必须具备五项条件：① 有五名以上符合《农民专业合作社法》第十四条、第十五条规定的成员；② 有符合《农民专业合作社法》规定的章程；③ 有符合《农民专业合作社法》规定的组织机构；④ 有符合法律、行政法规规定的名称和章程确定的住所；⑤ 有符合章程规定的成员出资。

只要具备上述五项条件的农民专业合作社，均可依法向住所地工商部门申请登记，取得法人资格。农民专业合作社在注册登记获得法人资格之后，便得到了国家法律认可的独立民商事主体地位，具备了法人权利能力和行为能力。在之后的运营过程中，便可以依法以合作社的名义登记财产（比如申请合作社的字号、商标或专利等）、从事经济活动（比如与其他的市场主体订立合同等）、参加诉讼和仲裁活动，也可以依法享受国家对合作社在财政、金融和税收等方面的扶持政策。

之后，合作社便可进行日常运行了。

三、怎样规范化运营合作社 [①]

在讨论如何规范化运营农民专业合作社之前，首先应该明确什么才是一个规范的农民专业合作社。概括地说，一个规范的农民专业合作社至少应该具备以下特点：基础设施完备、组织机构健全、章程制度完善、社务管理民主、财务管理规范、成员权益明确、服务经营能力强、经营效益良好、经营服务统一、盈余返还合法。

要想使农民专业合作社得以规范化运营，合作社就必须遵循"指导、扶持、服务"和"成员所有、成员控制、成员受益"的两大原则，进而从以下六个方面着手作出努力。

1. 抓好宣传培训

首先，从农民专业合作社的角度而言，合作社要定期对本社成员开展知识培训和技能培训。另外，合作社也要相应地做好经验总结和推广工作，为本社做好宣传工作。其次，从各级党委和政府的角度而言，要充分利用其各级行政组织资源，利用会议的形式宣传贯彻与合作社相关的法律法规和优惠政策，以促使该地的农民专业合作社及时获取政策信息。再次，从各级经管（农业）部门的角度而言，要充分利用阳光工程培训指标对农民专业合作社的辅导员、负责

农民专业合作社的培训

① http://zjjjj.zhijiang.gov.cn/art/2011/12/19/art_5196_68925.html 枝江市经管局

人和财务会计人员进行培训,以便提升合作社人员的工作质量和效率。

2. 抓好示范指导

为促进农民专业合作社的发展,各地应该在众多的合作社中选取一批优秀有潜质的合作社进行重点指导与建设,以使它们达到示范社的标准。之后可将这些示范社作为标准,引导和带动其他合作社健康快速发展。除了要抓好示范建设之外,各地也应该加强对农民专业合作社的指导力度。首先,要指导合作社建立好辅导员制度,并促使各辅导员深入合作社进行现场指导工作,以协助解决合作社的相关问题。要指导合作社健全其组织机构,以充分发挥农民专业合作社成员大会、理事会、监事会等的职能。再次,要指导合作社制定完善的章程和各项规章制度,如制定成员大会、成员代表大会、理事会、监事会、经营管理、财务、人事、档案等各项制度,以保障社员当家做主的权利和地位。

3. 抓好登记备案

之所以要抓好登记备案,主要是为了提高农民的组织化程度,保障社员的合法利益不受侵犯。除了农民专业合作社的有关部门要做好此项工作之外,各地相关机构、组织也要监督合作社此项工作的进程,以免遗漏等。

4. 抓好统一服务

这里所说的"统一服务"指的是农民专业合作社按照成本原则为社员提供联合购买、联合销售、技术帮助等服务。一般来说,农民专业合作社的统一服务做得越好,社员与合作社之间的关系就越紧密,合作社的规模、效益也就越稳定。所以,各地的农民专业合作社应该积极做好此项工作,以便将合作社做大做强,进而能够有抵御自然风险和市场风险的能力,最终发展成为一个真正为社员谋福利的有能力参与市场竞争的现代化农业经营组织。

5. 抓好财务管理

农民之所以会加入农民专业合作社,一部分原因就是要谋求一些利益。所以合作社要想赢得成员的信任,就必须在财务方面做好工作。抓好财务管理的核心工作就是要为每个成员建立账户,以清晰记录并明确每个成员在合作社出了多少钱,每个社员与合作社之间有多少交易量,量化给每个社员的公积金分别是多少等问题。

6. 抓好盈余分配

要做好农民专业合作社的盈余分配工作,需要注意以下几种情况:一是如果合作社执行的是"成本原则",年终没有盈余就不分配。二是如果年终合作社有盈余,并且经成员们商议之后统一留作积累,也可不分配。三是如果年终合作社有盈余,而且成员们讨论之后决定要进行分配,那么合作社就应该按照《农民专业合作社法》的相关规定来进行分配。分配的基本原则是按交易额返还盈余不得低于盈余分配总额的百分之六十。

除了以上措施之外,农民专业合作社要增强合作社的服务能力。

小贴士 　**农民专业合作社规范化运营的优势有哪些？**

规范化运营对于农民专业合作社的发展来说非常重要。首先,规范化运营有利于提升农民专业合作社的运作管理机制,更便于合作社的日常业务管理及盈余分配等工作的开展。其次,规范化运营是农民专业合作社赢取国家政策扶持、金融支持的根本前提。再次,规范化运营有利于农民专业合作社吸纳更多的新社员,为合作社未来做强、做大提供有利条件。此外,规范化运作达到2年的农民专业合作社不仅有资格申请国家的示范社项目,还可以重点围绕产业发展来申报各类项目。

四、如何发展社员？

发展农民专业合作社社员,需要从以下几个方面着手进行:

1. 认真审查入社申请书的内容

入社申请书可以使用固定格式的印刷品,直接由农民手填。发起人及相关负责人一定要严格审查农民的入社申请书。

×××农民专业合作社入社申请表

基本情况	姓名		性别		年龄	
	家庭住址				家庭人口	
	身份证号				联系电话	
入社申请	×××农民专业合作社: 　我已仔细阅读《×××农民专业合作社章程》,充分理解其内容,自愿申请加入×××农民专业合作社,遵守合作社章程、制度,执行合作社各项决议,履行社员义务,接受合作社的管理和指导,积极参与合作社的各项活动,维护本社的权益和声誉,和全体社员共同协作,共同推进合作社发展。 请选择入社形式: 　可以依以下三种形式进行合作:① 委托代管:以自己所承包的土地入股,耕、种、管、收、卖完全交由合作社管理,尽章程规定的一切义务,享有合作社所有的股权利益。② 委托帮管:委托合作社进行耕、种、管、收、卖,收入完全归自己,但相关的一切费用自理,不享有合作社所有的股权利益。③ 自我管理:按合作社的统一要求,自我进行耕、种、管、收,收入完全归自己,可申请合作社给予力所能及的服务和帮助,不享有合作社所有的股权利益。也可依以下形式加入合作社:④ 愿意为合作社服务;⑤ 投资入社;⑥ 其他形式。 　我申请依第＿＿＿种合作形式入社。 　　　　　　申请人:＿＿＿＿＿＿＿＿＿＿年＿＿＿月＿＿＿日					

续表

理事会意见	经_____年___月___日理事会研究,同意_____加入合作社。 理事长(签章): _____年___月___日

2. 规范入社股金收据

农民专业合作社在没注册登记之前,只能先由发起人按照申请人的名单造册并收取股金,并由出资成员签名盖章。等到农民专业合作社注册登记完成之后,再统一使用正式的股金收据。

3. 制发成员证

确定要加入农民专业合作社的成员,在缴纳出资之后,就可以拿到统一的成员证。

五、加入农民专业合作社所需要的条件

《农民专业合作社法》第十四条规定,具有民事行为能力的公民,以及从事与农民专业合作社业务直接有关的生产经营活动的企业、事业单位或者社会团体,能够利用农民专业合作社提供的服务,承认并遵守农民专业合作社章程,履行章程规定的入社手续的,可以成为农民专业合作社的成员。

此外,《农民专业合作社法》还对自然人、法人以及其他组织成员加入合作社的条件作了以下相关规定。

对于自然人而言,据《农民专业合作社法》规定,农民专业合作社的自然人成员要符合两个条件:一是须为中国公民,这是对自然人成员国籍身份的要求;二是须具有民事行为能力,即符合法定条件,并能以自己的名义在合作社中享有权利承担义务。《农民专业合作社法》对自然人成员的民事行为能力的规定,

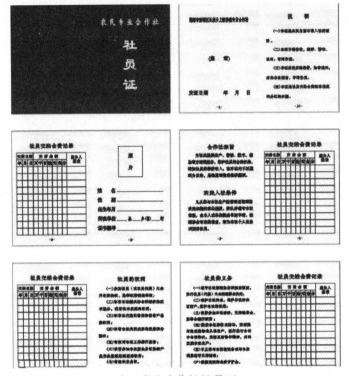

农民专业合作社社员证

是根据我国农村和农业生产的实际情况制定的,即在不影响生产顺利进行的前提下,对自然人成员的许可资格进行了最大程度的放宽。当然,各地的农民专业合作社也可以根据自身的经营业务情况和实际需要,对所纳成员的民事行为能力作出不同的要求。

对于企业、事业单位和社会团体而言,《农民专业合作社法》要求其必须从事与农民专业合作社业务直接有关的生产经营活动。法律之所以会允许多种形式的组织加入农民专业合作社并成为社员,是因为这些组织不仅可以增强合作社的经营实力,而且也可以借助这些组织的合作来进一步地提高合作社的竞争力,最终实现双赢的目的。但是,并不是所有的组织都有资格加入农民专业合作社,据《农民专业合作社法》第十四条规定:具有管理公共事务职能的单位不得加入农民专业合作社。

成为农民专业合作社的成员除了必须符合《农民专业合作社法》关于成员资格条件的有关规定以外,还须满足以下条件:

(1)能够利用农民专业合作社提供的服务。农民专业合作社的成立初衷是为了满足成员"共同的经济和社会需求",加入农民专业合作社的成员就必须有利用合作社所提供服务的能力。只有这样,农民专业合作社才能充分保证其有效存在性,并维护成员自身的合法权益。

(2)承认并遵守农民专业合作社章程。农民专业合作社章程是合作社正常运行、正常生产经营的基本规则,集中体现了全体成员的共同意愿。只有承认并遵守农民专业合作社章程的自然人、法人和其他非法人组织才能真正成为农民专业合作社的成员。当然,承认并遵守章程就意味着成员必须承认并遵守章程的全部内容,并坚决遵守章程所有记载事项的规定,履行相应的义务,享有相应的权利。

(3)履行章程规定的入社手续。《农民专业合作社法》并没有对成员加入农民专业合作社的具体程序作出相关的规定,只是明确规定农民专业合作社章程应当将成员入社的程序作为章程的必要记载事项。所以说,农民专业合作社章程应当在法律、行政法规许可的范围内就成员入社手续作出相应的规定。

第四部分 农民专业合作社的管理

一、农民专业合作社的规章制度

1. 成员（代表）大会制度

成员（代表）大会是农民专业合作社的权力机构。所谓农民专业合作社成员大会是由全体合作社成员组成的；农民专业合作社成员代表大会是由合作社成员代表组成的（农民专业合作社的社员超过 150 人时，便可以按照章程规定设立社员代表大会）。成员（代表）大会负责对本合作社的重大事项作出决策、管理和行使权力。通常，农民专业合作社的成员（代表）大会是直接以会议的形式行使权力的。

根据《农民专业合作社法》第二十二条的规定，成员（代表）大会主要行使以下职权：① 修改章程；② 选举和罢免理事长、理事、执行监事或者监事会成员；③ 决定重大财产处置、对外投资、对外担保和生产经营中的其他重大事项；④ 批准年度业务报告、盈余分配方案、亏损处理方案；⑤ 对合并、分立、解散、清算作出决议；⑥ 决定聘用经营管理人员和专业技术人员的数量、资格和任期；⑦ 听

取理事长或者理事会关于成员变动情况的报告。成员变动情况关系到合作社的规模、资产和成员获得收益和分担亏损等诸多因素,成员大会有必要及时了解成员增加或者减少的变动情况;⑧ 章程规定的其他职权。

为使农民专业合作社成员(代表)大会行使的职权有章可循,农民专业合作社成员(代表)大会制度就应该对以下事项作出规定[①]:

(1)审议、修改本社章程和各项规章制度;

(2)选举和罢免理事长、理事和执行监事、监事会成员;

(3)决定社员入社、退社、继承、除名、奖励、处分等事项;

(4)决定社员出资标准及增加或减少出资;

(5)审议本社的发展规划和年度业务经营计划;

(6)审议批准年度财务预算和决算方案;

(7)审议批准年度盈余分配方案和亏损处理方案;

(8)审议批准理事会、执行监事或监事会提交的年度业务报告;

(9)决定重大财产处置、对外投资、对外担保和生产经营活动中的其他重大事项;

(10)对合并、分立、解散、清算和对外联合等作出决议;

(11)决定聘用经营管理人员和专业技术人员的数量、资格、报酬和任期;

(12)听取理事长或者理事会关于社员变动情况的报告;

(13)决定其他事项。

成员代表大会

---

① http://hy.b2cf.cn/hzszlk/201205/7481_1.shtml　农民专业合作社信息网

2. 理事会工作制度

理事会是农民专业合作社的执行机构,对成员(代表)大会负责,由5~7名理事组成,设1名理事长,1名副理事长,3~5名理事。这些理事会成员都是由农民专业合作社成员(代表)大会从本社成员中选举产生的,任期3年,可连选连任。

农民专业合作社理事会的主要职责有:① 组织召开社员(代表)大会并报告工作,执行社员(代表)大会决议;② 制订本社发展规划、年度业务经营计划、内部管理规章制度等,提交社员(代表)大会审议;③ 制订年度财务预决算、盈余分配和亏损弥补等方案,提交社员(代表)大会审议;④ 组织开展社员培训和各种协作活动;⑤ 管理本社的资产和财务,保障本社的财产安全;⑥ 接受、答复、处理执行监事或者监事会提出的有关质询和建议;⑦ 决定社员入社、退社、继承、除名、奖励、处分等事项;⑧ 决定聘任或者解聘本社经理、财务会计人员和其他专业技术人员;⑨ 履行社员(代表)大会授予的其他职权。

为使农民专业合作社理事会行使的职权有章可循,农民专业合作社理事会制度就应该对以下事项作出规定:

(1)理事会的规模大小、选举办法及流程、成员任期长短、是否连任;

(2)理事会的职责;

(3)理事会会议的表决办法;

(4)理事长的选举办法及流程;

(5)理事长的主要职责;

(6)理事会的日常工作程序等。

巢湖市农技协联合会一届二次理事会

3. 监事会工作制度

监事会或执行监事代表全体社员监督本合作社的财务、业务执行的情况,是农民专业合作社的监督机构,由3人组成,设1个监事长。同理事会成员一样,监事会的成员也是由农民专业合作社成员(代表)大会在本社成员中选举产生的。每届任期 3 年,可连选连任。农民专业合作社的理事长、理事、经理和财务人员不得兼任监事。

农民专业合作社监事会或执行监事的主要职责有:① 监督理事会对社员(代表)大会决议和本社章程的执行情况;② 监督检查本社的生产经营业务情况,负责本社财务审核监察工作;③ 监督理事长或者理事会成员和经理履行职责情况;④ 向社员(代表)大会提出年度监察报告;⑤ 向理事长或者理事会提出工作质询和改进工作的建议;⑥ 提议召开临时社员(代表)大会;⑦ 代表本社负责记录理事与本社发生业务交易时的业务交易量(额)情况;⑧ 履行社员(代表)大会授予的其他职责。

为使农民专业合作社监事会行使的职权有章可循,农民专业合作社监事会制度就应该对以下事项作出规定:

① 监事会的规模大小、选举办法及流程、成员任期长短、是否连任;

② 监事会的职责;

③ 监事会会议的表决办法;

④ 监事长的选举办法及流程;

⑤ 监事长的主要职责;

⑥ 监事会的日常工作程序等。

4. 生产销售管理制度

农民专业合作社的生产销售管理制度主要体现在以下六个方面。

(1)统一生产计划方面。

农民专业合作社每年都需要根据市场的需求和合作社的产品实际情况制订年度生产计划和每阶段生产规划。在统一制订了生产计划之后,再签订相应的生产合同,并由合作社成员或加工厂等按计划进程落实生产进程。在签定合同时,要注意做到"八定",即定面积产量、定质量规格、定农资农械需求、定技术服务、定安全生产责任、定产品

农业机械的使用

交售办法、定加工要求、定管理人员工资报酬奖惩。

（2）统一供应农资方面。

农民专业合作社每年都需要根据合作社的生产和技术需求，统一为合作社成员或生产场、加工厂组织采购、供应生产资料和设备。之所以要实行统一规模的采购工作，是为了尽可能地减少合作社成员的生产成本。当然，农民专业合作社在统一采购时，务必要保证所供应农资产品的质量，至少要能

农资供应

够达到本合作社的各种生产、质量安全技术标准。在购买农资方面造成的损失需要由负责采购的当事人予以赔偿。

（3）统一技术标准方面。

农民专业合作社在制订了统一的生产计划、购买了优质的农资产品之后，就需要进行农产品生产工作。在此过程中，就需要有统一的生产技术予以指导，以便生产的农产品能够达到生产质量标准，能够有质量保证。所以在制定生产销售管理制度之时，一定要逐步建立起产品质量追溯、检测监督等制度。

（4）统一产品认证方面。

在制定农民专业合作社统一认证方面的制度时，一定要注意提及无公害基地、无公害农产品、有机产品及地方名牌、著名商标等方面的内容，以便激励农民专业合作社不断改善生产技术，提升产品质量，以达到优质产品的标准。

（5）统一指导服务方面。

农民专业合作社主要实行管理人员或社员代表分生产区域、分产业产品品种负责制，以便统一对社员或加工厂等进行产前、产中、产后的指导服务和管理。关于农民专业合作社的管理人员的报酬或补助分

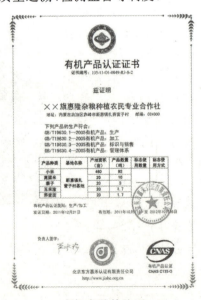

有机产品的认证

发,主要是按照他们的任务完成情况进行考量。如果管理人员的工作出现问题,提供的服务不到位,并给农民专业合作社造成了一定的损失,那么这些损失应该由相关的管理人员负责赔偿。

生产指导服务

（6）统一加工销售方面。

农民专业合作社统一生产加工,统一商标品牌,统一包装销售,能够更有力地打开市场,扩大销售渠道,从而降低销售费用,提高产品的附加值,增加成员的收入。为了使这一目标能够顺利实现,农民专业合作社应该在统一加工销售方面进行相应的制度建设。在收购合作社社员生产的产品时,相关负责人和社员一定要严格执行合同的规定,注意产品的质量、价格和数量,维护本合作社的形象和利益,在最短的时间内完成收购任务,以便农产品能够及时地进入市场。

产品销售

5. 项目投资管理制度

农民专业合作社在项目投资管理制度方面的制定,主要规定了以下内容。

(1)项目投资范围。

项目投资管理制度所规定的项目投资是指与本农民专业合作社的生产经营有关项目的内部投资。

(2)投资项目的立项。

农民专业合作社的理事会在接受投资项目的建议之后,便会派一支专门的调查小组进行实地考察和调查研究,以便最终确定是否采纳此项目。如果调查小组认为该项目是可行的,便会编制出一份可行性报告及实施方案,并按照法定的程序进行权限审核和审批。当农民专业合作社理事会对报送的投资项目可行性报告在审核之后也认为可行的,那么这份项目可行性论证材料才会得以审核并按程序提交有关会议审定。通常,一份完整的项目可行性论证内容应该包括:市场状况分析、投资额度、投资资金筹措、投资回报率、投资风险、投资占用时间、政策优惠条件、收益分配等。

(3)投资项目审批和实施。

通常,凡是超过理事长个人在农民专业合作社股金额度2倍以上的投资都属于重大投资。对于农民专业合作社的重大投资项目,应该由理事会审核,社员(代表)大会批准,理事会组织实施。一般投资则直接由农民专业合作社监事会审核,理事会审批,组建项目部实施。

(4)项目投资资金的筹措管理。

第一,农民专业合作社的投资项目资金筹措应该以实现本社最广泛的社员及其最大限度的收益为原则,进而来确定资金的筹措渠道和范围。

第二,在国家部分投资,农民专业合作社有能力配套投资项目建设的情况下,农民专业合作社不得再动员社员入股投资和贷款投资。

第三,项目投资优先本合作社社员在规定时间内入股投资。部分合作社社员不愿入股投资的,其他合作社社员的个人入股投资最高不得超过总投资的20%,理事长个人入股投资最高不得超过总投资的30%,团体社员入股投资最高不得超过总投资的40%。

第四,项目投资额度在合作社社员入社出资总额30%以内的,合作社经理事会决定,可以直接利用贷款投资。使用政府贴息贷款和农业担保公司担保贷款的项目投资,理事会审批投资权限额度可提高到社员在合作社入股出资总额的80%。

第五,采用合作社贷款投资项目的额度最高不得超过社员入社总出资额的

80%,并要经过社员(代表)大会三分之二以上的参会人员同意。

（5）投资项目的建设监督管理。

农民专业合作社监事会负责投资项目建设的质量、进度、安全和资金使用的监督管理。项目建设结束后,监事会需要组织项目建设验收和项目建设资金内部审计。

（6）建成项目的经营管理。

在项目建成验收之后,由农民专业合作社理事会负责将该项目纳入合作社一体化经营管理。那些属社员与合作社共同投资建设的项目要单独核算。

经营管理培训

（7）投资项目收益分配。

第一,项目投资收益按投资股份分配。

第二,凡农民专业合作社使用国家扶持资金、其他捐赠资金、合作社公积金、社员未分配盈余和合作社贷款投资项目的,均属合作社对项目的投资,其投资收益应该记入合作社收入中,合作社社员可按盈余分配制度进行分配。

第三,由社员在合作社完成基本出资入股的基础上,又直接投资入股与合作社共同投资建设的项目收益,是按投资股份分配的。社员的再投资收益分配给投资的社员,合作社投资所分得的项目收益记入合作社收入。

（8）该制度的解释权由农民专业合作社理事会负责。

6.档案管理制度

（1）归档范围。

凡是能够反映农民专业合作社活动的章程、管理制度、社员情况、规划、年度计划、统计资料、财务审计、会计档案、劳动工资、经营情况、人事情况、会议记录、决定、委托书、协议、合同、项目方案、通知等具有参考保存价值的各种文字、图表、声像等不同形式的历史记录均属归档范围。

档案管理

（2）档案管理由档案管理员负责。

档案管理由档案管理员负责，是为了保证农民专业合作社的原始资料及单据齐全完整、安全保密和使用方便。

（3）资料的收集与整理。

归档资料实行"季度收集整理"和"年度归档立卷"制度，即每年的4、7、10月和次年的1月为季度收集整理期，每年2月份为档案资料归档立卷期。在档案资料收集整理和归档立卷期，由档案管理员分别向各部门收集应该归档的原始资料，各部门应积极支持配合。凡涉及商业机密的文件必须按规定另外归档存放。档案管理员根据有关文书立卷归档管理制度实施档案归档整理。

（4）资料的分类与归档。

档案资料的分类，需要在文书立卷归档管理的有关规定下执行。档案资料的归档，每年需进行一次，平时立卷归档的资料不算在内。

（5）档案的借阅。

农民专业合作社理事会和监事会成员借阅非密级档案可直接通过档案管理员办理借阅手续。如果因工作的需要，本社其他人员需要借阅档案的，则需要本人提出申请。如果借阅的是非密级的，则由理事会成员直接审批；如果借阅的是密级档案，则由理事长审批。原则上，这些资料只能在档案室阅览，不准再外借。本社外的人员借阅档案，一律由理事长审批。借阅者要保持整洁完整，不得涂改遗失；要注意安全保密，未经允许，不得翻印、抄录、转借、遗失。

（6）档案的销毁。

任何个人或部门在没有经过允许的情况下，不得销毁档案资料。如果档案确实到了销毁期，则需要由档案管理员来进行清理，并写出书面销毁报告报理事会批准后执行。经批准销毁的档案，档案管理员须认真核对，将批准的档案资料销毁审批报告和将要销毁的档案资料做好登记并归档。销毁登记表永久保存。在销毁档案资料时，必须由监事会成员监督销毁并在销毁登记表上签字。

7. 学习培训制度

（1）学习培训内容。

学习培训内容，主要包括党在农村的方针政策、涉农法律法规、合作社法律法规政策、合作社生产经营管理知识、合作社章程和管理制度、合作社相关的生产技术等。

（2）学习培训时间。

农民专业合作社每年至少需组织成员集中学习培训六次。合作社的理事会成员、监事会成员、管理人员、社员代表则需要每月至少集中学习一次。如果有重要、紧急的学习内容，则可以随时安排集体学习。

（3）学习培训方式。

组织学习培训可以采用集中学习与个人自学相结合的方式，自我组织培训与接受其他组织培训相结合的方式，专题学习培训与以会代训相结合的方式进行。

（4）学习培训要求。

第一，学习培训要做到"六有"。即有组织、有计划、有考勤、有笔记、有测试、有奖惩。

第二，理事会是全体社员学习培训的组织和领导，每年需结合本合作社的实际情况制订相应的学习培训计划，并为全体社员统一免费配置笔记本。

第三，加强对入社人员的学习培训，重点以本社的《章程》和《管理制度》为测试方向，经测试通过后的人员方可入社。

学习培训

第四,农民专业合作社的社员需要按时参加集体学习培训教育活动,凡无故缺席 1 次(或者迟到早退 3 次),扣除相当于农民纯收入 2 天额度的盈余分配(用于学习培训奖励),一年内连数 3 次(或者累计 5 次)无故缺席的,理事会可以予以除名。

第五,每年合作社要集中进行 1～2 次学习培训测试,并对成绩优秀的成员给予一定的物质奖励。

8. 社务公开制度

(1)社务公开的内容。

第一,合作社的发展规划,年度工作目标及执行情况;成员(代表)大会和理事会讨论决定事项的实施情况;理事会的年度工作目标执行情况;监事会的工作目标完成情况。

第二,合作社的年度财务计划、财务决算和债权债务情况。

第三,合作社成员的入社、退社、除名情况;成员在合作社的入股情况,公积金、国家财政扶持资金及接受其他捐赠量化到社员个人账户份额情况;成员与合作社的交易额(量)情况;成员的盈余分配、投资收益分配等情况。

第四,国家对本合作社的扶持、本合作社接受其他的捐赠收支、使用、管理情况。

第五,管理人员、技术人员的聘请、解聘及其工资、奖金、补贴和福利情况,公务活动方面的开支情况,工作业绩情况。

第六,资产的购置、使用、处置等管理情况以及收益情况;本合作社建设项目的投资、管理和收益情况。

第七,本合作社的办公费、差旅费、招待费等、宣传费等非生产性支出情况。

第八,涉及本合作社成员的利益,成员普遍关心和要求公开的其他事项。

(2)社务公开的形式。

第一,以公开栏的形式公开。在农民专业合作社的办公地点设置社务公开栏,将公开事项逐条予以公布,并设置意见箱。

第二,以会议和公开信的形式公开。通过召开成员(代表)大会,发放社务公开内容资料,宣读公开内容进行公开。合作社还需要定期印发社员公开信并公开社员应知的内容。

第三,以填写发放社员证的形式公开。设计制作集注明社员身份、股金证明、社员个人账卡、社情员意、明白卡等于一体的社员证,适时填写发放公布,但不得取代公开栏。

（3）社务公开的时间。

每季度月底应该公布基本社务,且每年需定期公开四次。财务公开内容需每月公开一次。填发社员证公开,一般一年一次。此外,应当及时公开的事项需要随时予以公布。

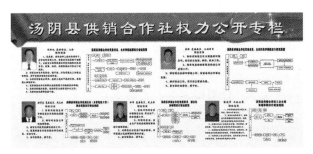

社务公开

（4）社务公开的程序。

第一,依照政策法规和社员的要求,监事会需根据本社的实际情况,提出社务公开的具体方案;

第二,理事会在对方案进行审查、补充、完善之后,需要根据公开的内容采取多种不同形式,并安排相关部门和人员及时并予以公布;

第三,监事会需要建立社公开档案以备查。

（5）意见反馈。

每次在村务公开之后,理事会需要负责收集、听取、接受成员反映的询问、意见和投诉,并及时予以解释和答复。理事会能够当场答复的,需要当场给予答复;不能够当场答复的,应当于7日内作出答复。如果半数以上的成员对于社务公开的事项不同意,那么应当坚决予以纠正,并重新公布。对反映的突出问题要组织专门人员调查、核实、纠正,并督促整改落实。

（6）监督管理。

对不按规定进行社务公开的,监事会可以责令其限期公开;对弄虚作假、欺瞒成员的,应该给予有关责任人员批评教育,并责令其改正;对拒不改正或者情节严重以及有打击报复行为的,可以建议理事会按程序对有关责任人员予以罢免职务和除名;对社务公开中发现有挥霍、侵占、挪用、贪污合作社财物及其他违法行为的,应当及时处理,对其中构成犯罪的,移交司法机关依法处理。

9.其他制度

要想有序地管理好农民专业合作社,就必须有一些合理的规章制度来做规范和约束。总体来说,每个农民专业合作社都应该有以上几种规章制度。在我国,由于各地的农民专业合作社的发展水平等不同,所以每个农民专业合作社都可以依据自身的实际情况制定相应的规章制度。

案例 林西县农民专业合作社内部管理制度(节选)①

五、技术部工作职责

技术部按照章程规定和理事长或者理事会授权,实行部门经理负责制,其主要工作职责为:

(一)负责按年度生产计划组织本社产品生产。

(二)负责组织推广优良品种。

(三)负责组织种子(种苗、树苗、种羊、种牛、仔猪、鸡苗、鸭苗、鱼苗鱼种)及生产资料的供应,拟定并执行本社产品的生产或原材料采购成本定额标准。

(四)负责生产技术指导、培训和技术咨询,开发和建设本社产品生产基地。

(五)负责制定、实施本部门工作人员的工作岗位责任制。

(六)未经理事会批准超过规定成本标准采购产品造成的损失,由技术服务部主任及其责任人承担一定的经济赔偿责任;对因管理不善造成的财产物资损失和发生的安全事故等,负经济和法律责任。

六、营销部工作职责

营销部按照章程规定和理事长或者理事会授权,实行部门经理负责制,其主要工作职责为:

(一)负责按理事会制订的年度生产计划制订具体的实施方案,及时掌握市场动态,谋划营销策略,实施营销宣传,拓展销售渠道;

(二)制定本社产品收购价格和销售价格,并报理事会批准;

(三)对内与合作社社员签订本社产品收购合同,对外与销售商签订本社产品销售合同;

(四)按合同约定搞好合同的履行兑现;

(五)负责对经济合同纠纷的诉讼工作;

(六)负责本社产品的加工,创优本社产品品牌。

(七)制定本部门管理制度和本部门工作人员岗位责任制。

……

---

① http://www.cflxagri.gov.cn/zwgk/zcdd/2011/content_9494.shtml 林西农网

八、会计员岗位责任制

（一）负责保管合作社《财务专用章》，按规定使用印章；对不按规定使用合作社《财务专用章》而造成的损失，承担经济和法律责任。

（二）负责按《会计法》《农民专业合作社财务会计制度》和国家有关政策建立账目，进行会计核算，确保会计信息的合法性和真实性。

（三）负责编制合作社会计报表，包括资产负债表、损益表、财务状况变动表、财务状况说明书和盈余分配表，按月定期提供会计信息。

（四）负责财务档案的整理、装订、分类立卷归档，并确保财务档案的安全和完整。

（五）负责定期核查账表及账目明细，盘查合作社物资、货币资金等，确保账证、账表、账账、账款和账实"五相符"。

（六）负责拟定合作社成本控制标准，进行成本核算及合作社的其他财务工作。

（七）负责为每个社员设立社员账户，准确记录该社员的出资额、量化为该社员的公积金份额和该社员与本社的交易量（额）。

（八）严格执行财会制度，对不符合制度规定的开支有权拒绝入账，有权反映财务上存在的问题。

（九）为本社民主理财小组对账目的审计提供便利，并负责解答提出的问题。

（十）根据合作社财务公开的要求，做好本社财务公开，及时填写公开内容。

……

二十二、饲养员岗位职责（以养羊合作社为例）

饲养员除协助技术员做好各项工作外，还必须做到：

（一）严格执行各项规章制度

（1）服从工作分配，遵守劳动纪律。

（2）团结友爱，做到既分工、又协作。

（3）认真参加业务知识学习，提高技术水平。

（4）执行劳动定额，遵守考勤制度，不迟到、不早退、不旷工，有事要请假，半天假向组长请假，一天假要向场领导请假。

（二）严格贯彻各项操作规程

（1）对所负责的生产任务要按时、按质、按量完成。

（2）工作认真细致，做到不断水，不影响肉羊自由采食。拌料要细致、混合要均匀。

（3）搞好羊舍内外清洁卫生，保证饮水槽清洁，发现羊舍损坏后要及时维修。

（4）每天观察羊群精神状态、粪便情况、食料情况、饮水量，准确判断羊群是否活动自如、好动还是好卧、有无患病，粪便颜色、数量、干湿度是否正常，槽内剩草及饲料状况，饮水量是过多、过少还是合适，精神如何，从而为采取合理措施提供依据。

（5）如发现羊只发病，要及时向合作社领导（或养殖场领导）汇报，并及时处理；病羊及时隔离或送交兽医治疗。

（6）认真做好本舍羊群生产各项记录，接受领导和技术员的督促和检查，月底上交存档，以便进行核算统计。

（7）冬春季节，要做好接羔保育工作，对待产母羊，要用温水及时对乳房进行清洗，并及时观察待产母羊的反应，如有产前征兆要及时对其进行隔离并加强营养；对产羔后母羊要加强饲养管理，对初产母羊，要加强对羊羔的哺乳管理。对所有刚诞生的羔羊，要尽快想办法让它吃上初乳，以增强羊羔的疾病抵抗力。

（8）协助技术员做好群体整理工作（分群、不宜饲养或不宜育肥的及时淘汰）。

（三）按规定认真填好表格，登记转入转出数、耗料、温湿度、防疫情况、意外事故及处理结果等。

（资料来源：林西农网）

二、农民专业合作社的财务管理

农民专业合作社的资金来源主要有以下几种途径：① 社员在入社时交纳的股金；② 按照现行财务制度的规定和成员（代表）大会的决议提留的部分风险金和企业发展基金；③ 按照现行财务制度提取的公益金；④ 农民专业合作社的盈余积累；⑤ 根据业务需求按照银行的要求申请的贷款；⑥ 一些供销合作社投入的资金；⑦ 部分政府部门提供的金融资本、风险资本及扶持资金；⑧ 他人捐赠款和其他资金。农民专业合作社的资产财务主要分为流动资产、农业资产、对外投资、固定资产和无形资产等。对于农民专业合作社的财产资金，任何单位和个人都不得私自侵占、截留、私分、挪用等。

农民专业合作社秉持"自愿、互利、民主、平等"的原则，对合作社的财务实行独立核算、自主经营、自负盈亏的工作机制。各地的农民专业合作社可以根据当地的发展特点和合作社的实际需要制定合适的财务管理制度和体系,并且定时向全体合作社成员、相关部门报送财务、会计报表和公布财务状况。农民专业合作社的财务管理机构主要由理事会全面负责,即理事会需要负责本合作社的财务资产监督和内部审计工作。会计工作人员需要作好财务收支、成本费用核算、会计报表编制和会计档案管理等工作;出纳负责人员需要建立好现金日记账、银行存款日记账以及合作社资金收支、账款划转和支取等。

财务管理系统

具体来说,农民专业合作社的财务管理工作应该从以下几方面着手进行:

1. 资产管理

在资产管理方面,农民专业合作社实行内部牵制管理制度和台账登记责任管理制度。这里所说的内部牵制管理制度,是指在资产的购置、验收、保管、使用、处置等环节实行"五分开",即购置计划与审批、审批与采购、采购与验收保管、保管与使用审批、处置与审批相互分开、相互牵制以及相互监督。所谓台账登记责任制度,是指农民专业合作社对资产的购置、验

财务管理培训

收、保管和使用等都有专门的理事进行登记并建立台账。也就是说,这些理事对所负责的农民专业合作社的资产负有一定的责任,但凡造成了资产损失或浪费,这些责任人就应该予以一定的赔偿。此外,在资产管理方面,财务部会根据每个农民专业合作社的实际情况,分门别类地对易耗品的使用期、周期和固定资产的折旧年限、比例确定资产折旧费。并且,财务部还会定期对农民专业合作社的实物财产进行账账、账卡、账实清查,也会向农民专业合作社的理事会如实报告实物资产的清查报告,提出相应的实物资产的管理建议等。

2. 财务账款管理

在财务账款管理方面,农民专业合作社应该按照相关法规的规定对本合作社的现金、存款、账目、支票和印鉴进行妥善管理。如,农民专业合作社的支票和印鉴不可以都由同一个人来保管,并且这些东西的账目都要保管完整,不得有任何缺失。所有因保管现金、存款和账目不当而造成损失的都由该当事人予以赔偿。另外,农民专业合作社的银行账号、账户不仅不可以出租、出借或转让,而且也不能将公款进行外借,即禁止任何人和组织打着农民专业合作社的名义为其他单位或个人提供担保。对于农民专业合作社应该收取或者暂付的款项,当事人都应该及时予以清理结算,不可以长期挂账。如果在规定的时间内仍旧没有收回应该收取或暂付的款项,就应该查明具体的原因,将责任落实到当事人身上。

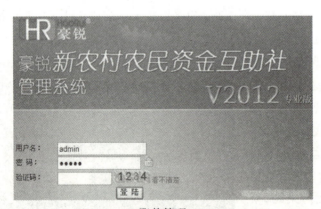

账款管理

3. 财务审批管理

农民专业合作社的财务支出都由理事长负责审批。秉着"增收节支、勤俭节约"的财务管理原则,农民专业合作社的各项支出都必须要用于农民专业合作社的生产、经营、服务活动以及其日常的管理事项当中。

在 5 000 元以内的费用开支,可以由理事长直接予以审批,但报销票据需要有事前申请审批单附后再由经办人签字;如果情况特殊且事前无法执行审批程序的,则必须在当时至少要向一名理事说明情况,并在事后及时补履行申请审批程序须知,请理事签字。5 000元以上的费用开支,需要经理事会集体审核之后,再由理事长审批。5万元以上的开支和投资,则首先得由社员(代表)大会讨论通过后,并由2/3理事签字,才能由理事长例行审批手续。值得注意的是,财务人员在办理各项支出时,必须要保证所有的原始凭证(支出计划审批、发票、验收、入库等凭证)都齐全,且这些凭证必须要有经办人、审核人、审批人的签字才可以入账。经过集体审核通过的,还需有会议记录或形成的决议作为依据入账。在每月财务轧账前,监事会都会对财务支出项目进行审核。对于那些没有按规定支出的,监事会有权提出质询,并责令整改纠正,甚至直接责令责任人予以赔偿。

4.财务公开办法

农民专业合作社实行“财务公开、民主监督”的办事原则,每月都会将合作社的财务收支情况以张榜的形式在办公地点进行公布,此外,每年还会在成员(代表)大会上汇报上一年度的财务决算情况、盈余分配方案和本年度财务预算方案。对于成员的任何有关财务查询的疑问,财务人员必须予以解答。

5.购销价格管理

农民专业合作社购销的产品与生产资料的价格确定以及变更都需经理事会通过,做到“公开、公正、公平、透明化”管理。当合作社购销的价格确定之后,必须将购销价目表(如有变化,需注明原因)张贴在办公明显的位置,以方便社员了解详情。之后,从购销价目表公布2日之后就应该开展购销活动,除紧急情况之外,购销活动的开展也应该由理事会一致表决通过。在购销过程中,农民专业合作社要多多采集市场信息,并做好调研工作,争取能够找到最合适的客户,使合作社的利润得以最大化。

6.社员账户管理

农民专业合作社需要给每个社员都建立一个社员账户,并由财务人员详细记载每个社员的出资额、应享有的公积金份额以及社员与合作社的交易量(额)。对于社员与非社员一定要分开进行核算。对于那些国家财政扶持补助、其他途径捐赠的资金和财产,不得分配给合作社成员。如果成员要求办理退社,财务人员应该及时与经办人取得联系,只有取得经办人的同意之后才可办理,否则造成的损失由办理人自己承担。

2007年,我国财务部发布了《农民专业合作社财务会计制度(试行)》政策,对农民专业合作社的财务管理作出了一些说明,更便于我国的农民专业合作社能够建立完善的内部控制体系,有序地管理本合作社的财务资产。

第一,合作社必须根据有关法律法规,结合实际情况,建立健全货币资金内部控制制度。即农民专业合作社需要建立明确的货币资金业务的岗位并标明岗位职责权限,需要在收取现金时使用统一规定的收款凭证;需要定期组织相关人员核算合作社的现金收入与支出等;需要定期与银行等金融机构核对合作社的账目。

第二,合作社的应收款项包括本社成员和非本社成员的各项应收及暂付款项。合作社对拖欠的应收款项要采取切实可行的措施积极催收。

第三,合作社应当建立健全销售业务内部控制制度,明确审批人和经办人的权限、程序、责任和相关控制措施。即农民专业合作社需要按照在办理销售、发货业务时做好相关记录,填好相关凭证;需要及时办理销售收款业务,并及时入账。

第四,合作社应当建立健全采购业务内部控制制度,明确审批人和经办人的权限、程序、责任和相关控制措施。

第五,合作社应当建立健全存货内部控制制度,建立保管人员岗位责任制。存货入库时,保管员清点验收入库,填写入库单;出库时,由保管员填写出库单,主管负责人批准,领用人签名盖章,保管员根据批准后的出库单出库。

第六,合作社根据国家法律、法规规定,可以采用货币资金、实物资产或者购买股票、债券等有价证券方式向其他单位投资。

第七,合作社应当建立健全对外投资业务内部控制制度,明确审批人和经办人的权限、程序、责任和相关控制措施。

第八,合作社要建立有价证券管理制度,加强对各种有价证券的管理。要建立有价证券登记簿,详细记载各有价证券的名称、券别、购买日期、号码、数量和金额。有价证券要由专人管理。

第九,合作社的在建工程指尚未完工、或虽已完工但尚未办理竣工决算的工程项目。在建工程按实际消耗的支出或支付的工程价款计价。形成固定资产的在建工程完工交付使用后,计入固定资产。

第十,合作社必须建立固定资产折旧制度,按年或按季、按月提取固定资产折旧。固定资产的折旧方法可在"平均年限法"、"工作量法"等方法中任选一种,但是一经选定,不得随意变动。

第十一,合作社应当建立健全固定资产内部控制制度,建立人员岗位责任制。应当定期对固定资产盘点清查,做到账实相符,年度结束前必须进行一次全面的盘点清查。盘亏及毁损的固定资产,应查明原因,按规定程序批准后,按其原价扣除累计折旧、变价收入、过失人及保险公司赔款之后,计入其他支出。即合作社应该定期对固定资产进行清查盘点,并对亏损的资产做好原因排查等工作。

　　第十二,每年年度结束,合作社应当对应收款项、存货、对外投资、农业资产、固定资产、在建工程、无形资产等资产进行全面检查,对于已发生损失但尚未批准核销的各项资产,应在资产负债表补充资料中予以披露。这些资产包括:① 确实无法收回的应收款项;② 盘亏、毁损和报废的存货;③ 无法收回的对外投资;④ 死亡毁损的农业资产;⑤ 盘亏、毁损和报废的固定资产;⑥ 毁损和报废的在建工程;⑦ 注销和无效的无形资产。

　　第十三,合作社应当定期或不定期对与资产有关的内部控制制度进行监督检查,对发现的薄弱环节,应当及时采取措施,加以纠正和完善。

　　第十四,合作社应当建立健全借款业务内部控制制度,明确审批人和经办人的权限、程序、责任和相关控制措施。不得由同一人办理借款业务的全过程。

　　第十五,合作社在进行年终盈余分配工作以前,要准确地核算全年的收入和支出;清理财产和债权、债务,真实完整地登记成员个人账户。

　　此外,农民专业合作社的财务管理工作还需要从以下几方面着手:第一,农民专业合作社的财务工作人员最好是通过统一招聘的方式招入合作社的,拥有专业素养,有过硬的专业技能。第二,农民专业合作社要做好借贷业务的制度制定工作,以保证资金借贷业务能够有序开展,如增强借贷环节的记录工作,保存好合同、凭证等文件。第三,农民专业合作社要建立好生产经营成本等开支的审批制度,即便是合作社的日常开支,也需要究其不同性质和用途进行详细审批记录。第四,农民专业合作社要在投资、重大管理制度改革方面做好可行性论证工作,以免出现重大失误,给合作社的工作带来不必要的麻烦。第五,农民专业合作社要建立财务审计制度,以便提升合作社的财务透明度,赢得成员的信任与支持等。

小贴士　　农民专业合作社财务状况说明书

　　农民专业合作社财务状况说明书,是指合作社定期对其生产经营、提供劳务服务以及财务和成本情况等进行分析说明的书面文字报告。农民专业合作社财务状况说明书并没有统一的格式,但是其至少应该包括以下内容。

　　(1)合作社生产经营服务的基本情况。

　　具体有:合作社的股金总额、成员总数、农民成员数及所占的比例、主要服务对象、主要经营项目等情况。

（2）成员权益结构。

具体有：① 理事长、理事、执行监事、监事会成员名单及变动情况；② 各成员的出资额，量化为各成员的公积金份额，以及成员入社和退社情况；③ 企事业单位或社会团体成员个数及所占的比例；④ 成员权益变动情况。

（3）其他重要事项。

具体有：① 变更主要经营项目；② 从事的进出口贸易；③ 重大财产处理、大额举债、对外投资和担保；④ 接受捐赠；⑤ 国家财政支持和税收优惠；⑥ 与成员的交易量（额）和与利用其提供的服务的非成员的交易量（额）；⑦ 提取盈余公积金的比例；⑧ 盈余分配方案、亏损处理方案；⑨ 未决诉讼、仲裁。

资产负债表

年　　月　　日　　　　　　　会农社 01 表

编制单位：　　　　　　　　　　　　　　　　　　　　　　　单位：元

资产	行次	年初数	年末数	负债及所有者权益	行次	年初数	年末数
流动资产：				流动负债：			
货币资金				短期借款			
应收款项				应付款项			
存货				应付工资			
流动资产合计				应付盈余返还			
				应付剩余盈余			
长期资产：				流动负债合计			
对外投资							
农业资产：							
牲畜（禽）资产				长期负债：			
林木资产				长期借款			
农业资产合计				专项应付款			
固定资产：				长期负债合计			
固定资产原值				负债合计			
减：累计折旧							
固定资产净值							
固定资产清理				所有者权益：			
在建工程				股金			

续表

资产	行次	年初数	年末数	负债及所有者权益	行次	年初数	年末数
固定资产合计				专项基金			
其他资产：				资本公积			
无形资产				盈余公积			
长期资产合计				未分配盈余			
				所有者权益合计			
资产总计				负债和所有者权益总计			
法人代表：			财务负责人：			制表：	

三、农民专业合作社的成员管理

农民专业合作社对其成员的管理,主要包括对社员入社的管理,对社员退社、死亡、除名的管理,对社员间联系的管理以及其他方面的管理等。其中,对社员入社的管理,主要是规定社员的入社条件和程序等。一般来说,凡是从事与农民专业合作社的业务相关的生产经营活动的公民、企业、事业单位或其他社会团体,只要符合农民专业合作社理事会规定的入社条件,并承认遵守农民专业合作社章程和管理制度,都可以以书面的形式向农民专业合作社提出入社申请。凡经过农民专业合作社理事会讨论并通过的成员,便可以在社员花名册上进行登记,并获得社员证。《农民专业合作社法》规定:在农民专业合作社成员中,农民必须占成员总数的80%。成员总数20人以下的,可以有一个团体成员;成员总数超过20人的,团体成员不得超过成员总数的5%。

　　对社员退社、死亡、除名的管理,主要是规定社员退社、除名等的手续,并规定成员退社时涉及的盈余债务的问题解决方案等。一般来说,农民专业合作社成员要求退社的,都必须在规定的日期内向农民专业合作社理事会提出书面申请,并填写《社员退社申请书》。若理事会同意成员的退社申请,其社员资格将于本年会计年度结束时终止。并且合作社会在本会计年度决算后的一个月之内,为退社成员办理退社财务结算。至于合作社的经营盈余,合作社会按照本社的规定退还记载在该退社成员账户内的出资额和公积金份额,并返还其相应的盈余所得。如果合作社处于经营亏损状态,则需要扣除退社成员相应的需分摊的亏损金额。另外,退社成员在其资格终止之前仍需继续履行与合作社已订立的业务合同。

　　关于社员除名方面的管理。农民专业合作社理事会可对符合以下情况的社员进行除名:① 不履行成员义务,经教育无效的;② 给本社名誉或者利益带来严重损害的;③ 违反成员共同议决的其他情形。农民专业合作社在开除成员时,应该退还记载在该成员账户内的出资额和公积金份额,并结清其应承担的债务,返还其相应的盈余所得。

　　关于社员死亡方面的管理。如果该社员还有法定继承人,并且其法定继承人符合法律及本合作社章程规定的所有条件,那么只要其法定继承人在一个月之内提出入社申请,并填写《入社申请书》,则该继承人可在农民专业合作社理事会讨论通过后办理入社手续,并直接继承被继承人与本合作社的债权债务。否则,则需要按照相关程序办理退社手续。

　　关于社员联系制度方面的管理。农民专业合作社需要根据全体合作社成员的居住分布情况和生产经营状况,建立相应的能够便于每个理事、监事或社员代表联系本社社员的联系制度,以便于合作社传达指令和相关信息,更好地开展生产经营指导服务等。

案例　**林西县农民专业合作社成员管理制度**[①]

（一）符合下列条件,经理事会审查批准,即可成为本社社员。

1. 承认本社章程;

2. 种植、养殖量超过本社社员平均量;

3. 缴纳股金 10 元以上;

4. 写出书面申请。

---

① http://www.cflxagri.gov.cn/zwgk/zcdd/2011/content_9494.shtml　林西农网

（二）社员均享受本社章程规定的权利。

1. 参加社员大会，并有表决权、选举权和被选举权；

2. 优先参加本社组织的各项活动，优先享受本社提供的各种服务，优先利用本社设施；

3. 享受本社的股金分红和按本社主要产品交售数量进行的利润返还；

4. 有权对本社的生产经营、财务管理、收益分配等提出建议、批评和质询，并进行监督；

5. 建议召开社员大会或社员代表大会；

6. 本社规定的其他权利。

（三）社员必须履行本社章程规定的义务。

1. 执行社员大会或社员代表大会、理事会的决定；

2. 按照章程规定交纳入社股金和会费，按照入股金额承担责任；

3. 按照章程规定与本社进行交易；

4. 积极参加本社活动，维护本社利益，保护本社共有财产，爱护本社设施；

5. 按本社的技术指导和要求组织生产经营，按时保质保量履行合同协议；

6. 发扬互助合作精神，群策群力，共同搞好本社生产经营活动；

7. 本社规定的其他义务。

（四）非本社社员入社可随时提出申请，理事会每季度讨论一次，对符合入社条件者吸收为社员，并发给《社员证》，讨论通过之日为入社时间。

（五）社员退社须在履行当年义务后，于年终决算前三个月，以书面形式向理事长或理事会提出，经理事会批准，方可办理退会手续，并收回《社员证》。

社员退社时，其入社股金于年终决算后两个月内退还。如本社亏损，则扣除其应承担的亏损份额；如本社盈利，则分给其应得红利，不退会费。

（六）社员不履行义务或不执行章程规定的其他款项，或因社员个人行为损害合作社形象及经济利益的，除承担相应经济责任外，根据情节轻重在社员大会上通报批评。社员有下列情形之一者，经社员大会或社员代表大会决议，取消其社员资格：

1. 不遵守本社章程及决议，不履行社员义务；

2. 从事与本社相竞争或与本社利益相矛盾的活动；

3. 不按本社的技术指导和规定进行生产经营，给本社信誉、利益带来严重危害；

4. 其他有损本社利益的行为。

（资料来源：林西农网）

第五部分　农民专业合作示范社

一、什么是示范社？

农民专业合作示范社，是农民专业合作社中的发展先锋，是国家重点扶持的能够起示范引导作用的农民专业合作社。发展农民专业合作示范社，是农业发展方式转变和农业转型升级的有效途径，所以要切实抓好农民专业合作示范社的培训建设工作，以提升农民专业合作社的办社水平。要想被评为农民专业合作示范社，至少应该在以下三个方面具备一定的条件、达到一定的标准。

一是管理规范化。农民专业合作示范社应该有健全的内部规章制度；有能够切实发挥功能的成员大会、理事会、监事会等机构；有为全体成员建立的完整的个人账户，能够准确并完整记录每一位成员的出资、公积金份额、与合作社交易情况等资料；有良好的内部积累和风险保障机制以确保合作示范社能够长久持续地发展下去；有良好的社会声誉，有较高的公众评价认可度；有较强的带动农户的功能，有一批规模较大的成员。二是生产标准化。农民专业合作示范社所涉及的产业大多是当地的优势主导产业，其成员主要生产资料统一购买率高达 80% 以上，标

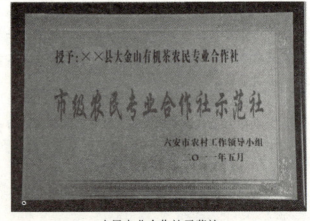

农民专业合作社示范社

准化生产率可达 100%。农民专业合作示范社有能力按照《农产品质量安全法》和《食品安全法》的规定，采用先进技术，生产无公害或更高级别认证的农产品，并建立完整的生产记录制度。三是经营品牌化。农民专业合作示范社的农产品的市场占有率比较高，据统计，其成员农产品统一销售率可达 80% 以上，产品商标注册率可达 90% 以上，生产鲜活农产品的农民专业合作示范社参与"农超对接"的达 50% 以上。

二、示范社有哪些奖励？

由农民专业合作社发展到农民专业合作示范社能享受到哪些物质性奖励？一般来说，国家级农民专业合作示范社能享受补助 20 万元，奖励 30 万元。另外，各省、市、县级农民专业合作示范社的奖金发放数额，需要参照当地部门制定的相关政策。

示范社的奖励

小贴士　申报农民专业合作示范社之后有什么好处？

比如安徽省庐江县在 2010 年出台的《庐江县 2010 年农民专业合作社示范社考评奖励办法（试行）》政策中对农民专业合作示范社的奖励规定：被评为县级农民专业合作示范社的合作社由县农合会命名并授牌，有效期为两年，期满后该合作社需重新参加申报评定工作；2010 年县财政安排资金 16 万元，通过"以奖代补"的方式，奖励给县级农民专业合作示

奖励资金公开会

范社。其中包括一等奖 1 个,奖励 4 万元;二等奖 2 个,每个奖励 3 万元;三等奖 3 个,每个奖励 2 万元。①

(1)能获取更多的财政扶持利好。

一般而言,各市、县(区)都会根据其当地财力状况拨发一定的专项资金扶持当地的农民专业合作示范社。

(2)享受税收优惠政策。

农民专业合作示范社在税收方面可享受的优惠政策有:销售本社成员生产的农产品可视为农户自产自销;免征增值税;允许开具普通发票(一般的纳税人向农民专业合作社购入免税农产品可凭取得的普通发票按票面金额的 13% 予以抵扣)等。

(3)优化金融信贷服务。

对于有担保能力的农民专业合作示范社,国家鼓励并支持其运用联保、担保基金和风险保证金等联合增信的方式为其成员贷款并提供担保。

(4)优先承担建设项目。

农民专业合作社被评选为示范社之后,凡是有适合合作社承担的建设项目,涉农项目主管部门会优先将示范社视为农业建设项目的实施主体。

(5)放宽用地用电政策。

在用地政策方面,对于那些需要兴办加工企业的农民专业合作示范社来说,国土资源主管部门会优先安排其提出的非农建设用地计划,并依法及时办理建设用地手续。在用电政策方面,国家对农民专业合作示范社在种植业方面、各种畜禽产品养殖方面和水产养殖方面使用的电费,按农业生产用电的价格执行计算。

案例　民勤县奥祥瓜菜产销专业合作社

2012 年 7 月 4 日,从农业部传来喜讯,运行规范、辐射带动能力强的民勤县奥祥瓜菜产销专业合作社被评为"全国农民专业合作社示范社"。

奥祥瓜菜产销专业合作社自 2008 年 1 月注册登记以来,从最初的 6 名发起者,发展到现在的 350 名会员,辐射西渠、泉山、大坝等乡镇,各类资产总额 1 120 万元。实行统一管理、统一服务、统一包装、统一价格、统一收购销售的模式,联合群众闯市场,显示出强大的发展力。

① http://www.ahcoop.gov.cn/include/content_view.php?id=8396 安徽省供销合作社联合社

起步：坚定的信心和步履

在大坝乡,一提起农民合作社,群众都会说起甄××,发出啧啧的称赞声。7月7日,记者走进奥祥专业合作社的办公室,就甄××和他的奥祥专业合作社进行了采访。

40岁出头的甄××是大坝乡八一村六社人。他高中毕业后,在农场当过电工、干过出纳。成立农民合作社时,几位合作者积极性不太高。当时刚刚兴起的温室产业是一个阳光产业,只是刚起步,规模小,市场信息闭塞,瓜菜贩子层层压价,农户很"受伤",但头脑灵活的甄××认定反季节种植孕育着市场商机,有发展前途。他反复动员,上门做工作,让大家了解合作社的好处。大家的思想慢慢变化了。2008年1月,甄××登记注册了奥祥专业合作社。

甄××自信地告诉记者："民勤县设施农业发展势头强劲,合作社解决了群众种植技术不规范、管理不佳、效益低、销售困难、价格不高等问题。现在,合作社的活力日益增强,服务的能力越来越强。"

发展：引领农民齐致富

培育"领头羊",引领发展。成立合作社的目的就是为农民提供服务,引领大家走上致富之路。合作社成立后,甄××走进大棚、田间地头,走近农户,帮助、指导瓜农种植,使他们从"单兵作战"到"军团作战",发挥"领头羊"的积极作用。

"合作社就是瓜农的主心骨,有了合作社,产销不用愁。"收成乡天成村一社瓜农朱××高兴地说："合作社给我们引进推荐好品种,提供技术服务,组织统一销售,规模大了,产品价格也高了。2011年我种植的金红宝收入了四五万元呢,现在温室产业发展快,2012年培育了两棚苗,收入好着呢！"

奥祥瓜菜产销专业合作社坚持发展宗旨,制定完善规章制度,为规范运作奠定了坚实的基础。合作社通过了合作社章程,选举产生了理事会和监事会,同时明确了合作社的发展方向和服务宗旨。甄××告诉记者,由于发展理念对路,引领到位,合作社发展已初见成效。先后建立蜜瓜新品种试验示范基地5000亩,引进新品种60多个,培训社员及其他农户2000人(次),带动农户1500户。会员分布于收成、西渠、泉山、大坝等多个乡镇。2011年,温室和大田蜜瓜销售额达1500多万元。2012年,大田蜜瓜上市后,截至7月份组织销售温室蜜瓜近千吨,销售额达400万元。

探索：有机农业新思路

产业化运作、规范化经营,创新服务、树立品牌。奥祥合作社坚持发挥"领头羊"的纽带作用,注重与相关部门的协作,切实创新服务方式和方法,积极投身民勤县推进现代农业新模式,打造绿洲瓜果品牌的目标和事业中。合作社注册了"奥祥金红宝"、"脆红玉"、"香满天"等商标,设计的"蜜翠"、"金红宝"包装箱于2012年4月18日获得了国家知识产权局颁发的专利证书。甄××告诉记者,在政府的支持帮助和大力引导下,他们充分发挥合作社的带动优势,走上了有机农业发展之路,收成、西渠、大坝等乡镇的基地取得了省农牧厅颁发的"无公害农产品产地认定证书","金红宝"蜜瓜获得了国家绿色食品认证,西瓜和厚皮甜瓜获得了农业部农产品质量安全中心授予的"无公害农产品证书",成为农民致富的金瓜银瓜,招徕客商的香瓜宝瓜,产品销往北京、哈尔滨、西安、上海、广州等20多个大中城市。

目标:市场小船变产业航母

"甘肃省百强农民专业合作社"、"全省农民专业合作社示范社"、"全国农民专业合作社示范社"……在荣誉面前,甄××谦虚地说:"我们奥祥瓜菜产销专业合作社目前处于起步发展阶段,仍存在发展资金不足、产业规模小和产业链条短等问题。今后要进一步加强与农户和其他合作社的合作,借梯登高、借力发展、借势而上,"抱团"闯市场,合作社的路子才会越走越宽。"

（资料来源:中国农民专业合作社网,2012-07-13）

第六部分　示范社的申报流程和
资格审查

一、申报资格要求

农民专业合作社要想申报农民专业合作示范社,至少应该满足以下四方面的资格要求:

示范社

（1）取得农民专业合作社法人营业执照;

（2）全员注册,所有成员必须经工商部门正式登记注册;

（3）运行时间一年以上;

（4）依照《农民专业合作社法》规定的基本原则办社,得到入社成员的认同和支持。

在我国,由于各省份、各地区的农业基础条件各有差异,所以各地有关农民专业合作示范区的申报条件也各有不同。

案例

四川省在《四川省农民专业合作社省级示范社评选办法》中对农民专业合作社省级示范社的申请条件作出了说明。申报农民专业合作社省级示范社,应当获得农民专业合作社市、县级示范社命名,并同时具备以下基本条件:

(1)产业基础牢固。农民专业合作社发展的产业是本行政区域内的指导产业或特色产业,优势突出,特色鲜明,经营规模化、生产专业化、布局区域化、产品商品化程度较高。

(2)依法登记设立。农民专业合作社在县级以上工商行政管理部门登记注册,领取《农民专业合作社法人营业执照》,且正常经营一年以上;组织机构代码证、税务登记证齐全;入社成员在100名以上、带动非成员较多的农民专业合作社。

(3)控制制度完善。有符合本社自身特点、经成员大会民主讨论通过的章程;有决策议事、岗位职责、成员管理、生产管理、产品营销、财务会计、盈余分配、社务公开、档案管理等规章制度。

(4)组织机构健全。有健全的组织机构和内部管理机构,依照章程规定行使职权;成员(代表)大会、监事会每年至少召开1次,理事会每年至少召开4次,并有完整的会议记录。

(5)成员管理严谨。坚持入社自愿、退社自由,入退社手续齐全;成员以农民为主体,农民成员占成员总数的比例不低于80%,单位成员不超过5%;成员名册真实完整,核发成员证和出资证,产权关系清楚。

(6)民主管理落实。实行民主决策、民主管理和民主监督,重大事项由成员(代表)大会讨论决定;成员(代表)大会选举和表决,实行一人一票制。出资额或者与本社交易量(额)较大的成员享有附加表决票,附加表决票不超过基本表决票的20%。

(7)服务功能完善。有固定的办公场所和健全的服务设施,服务功能完善,服务实力较强,引领带动能力强,社会声誉良好;与成员的交易的比例高于本社交易总量的50%。

(8)质量监管严格。按照国家、省和行业的生产标准组织实施标准化生产,建立了产品检测监督、质量追溯等制度,做到生产有记录、产品有标识、基地有认证、销售可追溯。

(9)财务管理规范。严格执行《农民专业合作社财务会计制度(试行)》,

独立建账,核算规范,档案完整;建立成员账户,农民专业合作社与成员的交易和与非成员的交易分别核算;本社资产大于负债,经营无亏损。

(10)盈余分配合规。年终盈余分配符合《章程》和成员大会决议规定,按成员与本社交易量(额)比例返还成员的盈余不低于可分配盈余的60%;建立了发展积累机制和风险保障机制。[①]

二、示范社的建设标准[②]

为大力发展农民专业合作社,深入推进农民专业合作示范社的建设进程,我国农业部按照政策指示,结合各地示范社的建设经验制定了《农民专业合作社示范社创建标准(试行)》,以便推动各地农民专业合作社的规范化运营。另外,农业部还指出,各省(区、市)农业部门要高度重视农民专业合作示范社的建设,要切实采取多种方式,因地制宜地开展示范社建设行动,尽快培育出一批符合标准的农民专业合作示范社。

那么,农民专业合作示范社的建设标准是什么?

1. 民主管理好

(1)依法按照《农民专业合作社法》登记设立,并在工商行政管理部门登记满2年,有固定的办公场所和独立的银行账号,齐备的组织机构代码证和税务登记证。

(2)有能力根据本社的实际情况,在参照农业部颁发的《农民专业合作社示范章程》制订章程文件后,建立本社的财务管理制度、财务公开制度、社务公开制度、议事决策记录制度等内部规章制度,并能够在之后的工作中认真执行。

农民专业合作社的建设

---

① http://www.djy.gov.cn/department/nongcunfazhanju/article.php?content=50282　都江堰市农村发展局

② http://baike.baidu.com/link?url=3Na_SAz8PyDOxm04mjZZLYMCk7FBd0DACQcONwBsZvXbLT8jHpC5haNODvIBXA111mpEH7Sub7amm87Pcxkcyq

（3）每年至少召开一次成员（代表）大会，做好完整的会议记录，并且要求所有出席的成员都在会议记录上签名。如果在会议上要有一些涉及重大财产处置和重要生产经营活动等的事项需要决议通过，要切实做到民主决策。

（4）成员（代表）大会选举和表决实行一人一票制，或一人一票制加附加表决权的办法，其中附加表决权总票数不得超过本社成员基本表决权总票数的20％，要切实做到民主管理。

（5）按照章程规定或合作社成员（代表）大会的决议，要在本社中建立健全社务监督机构，并从本社成员中选举监事会成员或执行监事，或直接由合作社成员行使监督权，要切实做到民主监督。

（6）根据本社的会计业务需要配备必要的会计人员，要设置会计账簿，编制会计报表，或委托有关的代理记账机构代理记账和进行核算。本社的财会人员必须持有会计从业资格证书，会计和出纳不能兼任。任何与本社理事会、监事会成员有直系亲属关系的人都不得担任合作社的财会人员。

（7）要为每个入社的成员设立成员账户，以记载该成员的出资额、量化为该成员的公积金份额、该成员与本社的交易情况和盈余返还状况等资料。需要提取公积金的合作社，每年应该按照本社章程的规定将公积金量化为每个成员的份额并记入成员账户。

（8）可分配盈余按成员与本社的交易量（额）比例返还，而且返还总额不得低于可分配盈余的60％。

（9）每年要组织编制合作社的年度业务报告、盈余分配方案或亏损处理方案、财务状况说明书，并且要经过监事会（执行监事）或成员直接审核，在成员（代表）大会召开的15日前放置在办公地点以便成员查阅和质询。监事会（或执行监事）负责对本社的财务进行内部审计，审计结果要报备成员（代表）大会，或者由成员（代表）大会委托给审计机构对本社的财务进行审计。合作社要自觉接受农村经营管理部门对合作社财务会计工作的指导和监督。

2. 经营规模大

（1）示范社所涉及的主要产业是县级或县级以上行政区域优势的主导产业或特色产业，其经营规模应该要高于本省同行业的农民专业合作社平均水平。

示范社应具备一定的经营规模

（2）农机专业合作示范社应该拥有农机具装备 20 台套以上，每年应提供的作业服务面积达到 1.5 万亩以上。

示范社应拥有一定数量的农机具

3. 服务能力强

（1）示范社的入社成员数量应该高于本省同行业的农民专业合作社成员平均水平，其中，种养业专业合作社成员数量应该达到 150 人以上。农民占成员总数的 80% 以上，企业、事业单位和社会团体成员不得超过成员总数的 5%。

（2）示范社的成员主要生产资料（初入社自带固定资产除外）的统一购买率和主要产品（服务）的统一销售（提供）率至少要超过 80%，标准化生产率一定要达到 100%。

示范社应获得无公害产品等认证

（3）示范社主要应该为其成员提供服务，与非成员交易的比例要低于合作社总体交易总量的 50%。

示范社应为其成员提供技术服务

（4）生产鲜活农产品的农民专业合作示范社必须要参与"农超对接"、"农校对接"，或在城镇地区建立连锁店、直销点、专柜、代销点，以便实现销售渠道的稳定与畅通。

4. 产品质量优

（1）生产食用农产品的农民专业合作示范社的所有成员要能够按照《农产品质量安全法》和《食品安全法》的规定，建立相关的生产记录制度，并完整记录生产全过程，以便保证能够实现产品质量的可追溯性。

产品质量要有保障

（2）生产食用农产品的农民专业合作示范社的产品必须要获得无公害产品、绿色食品、有机农产品或有机食品认证。生产食用农产品的农民专业合作示范社的主要产品必须要拥有注册商标。

5. 社会反响好

（1）示范社应该要享有良好的社会声誉，不出现生产（质量）安全事故、行业通报批评、媒体曝光等不良记录。

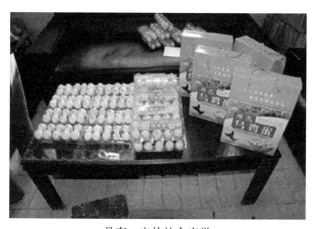

具有一定的社会声誉

（2）示范社成员的收入会高于本县域内同行业非成员的农户收入 30% 以上，成为农民增收的重要渠道之一。

三、如何申请示范社？

农民专业合作示范社的申请工作，需分级递进式申报，即必须先申请县级示范社，成功申请之后才有资格逐级申请市级、省级、国家级示范社。具体说来，农民专业合作社在初步申请时，应该有效分析该合作社的申报特点，及时掌握当地示范社的申报时间，并提前做好示范社申报材料，找当地农委进行沟通，这样便有可能成功申报为县级示范社。按照国家政策要求，市级示范社只是从县级示范社中选取产生，所以农民专业合作社成功申请为县级示范社后，仍需提前研读市农委申报示范社的时间、标准、条件等材料，并积极准备申报材料，及时向有关部门递交申报材料，以便有效申请为市级示范社。一般来说，市级示范社在第二年就可以申报省级示范社了。成为省级示范社之后，该示范社便可以得到一定的示范社奖金。关于省级示范社奖金，各省的颁发标准并不统一，比如山东省示范社奖金为 20 万。当然，在成功申请为省级示范社后，就有资格申请国家示范社了。

小贴士　**到什么部门申报示范社？**

我国《关于加快发展现代农业　进一步增强农村发展活力的若干意见》文件指出：申报国家级示范社应该到农业部办理，申报省级示范社应该到当地农业厅办理，申报市级示范社应该到当地农业局办理，申报县级示范社应该到当地农委办理。

四、示范社的评审内容

农民专业合作示范社的评审工作,主要从两方面进行。

一方面是考察申请示范社的农民专业合作社的数量规模是否达标、经营是否规范、形象是否合格和经营效果是否显著等,具体包括以下内容:

(1)数量规模:具体包括该农民专业合作社登记注册的成员数量、带动社外农户的数量,产业、产品和业务规模的数量等。

示范社的奖励

(2)产权状况:该农民专业合作社的资产产权是否清晰,是否将国家扶持资金、提取的公积金按规定量化到成员账户。尤其要特别注意该合作社是否将属于成员的私有资产同合作社的共有资产相混淆。

示范社的评审

(3)议事制度:查看该农民专业合作社的各种会议记录、文件档案是否齐全,达成的各类决议和决策是否履行了民主程序,形成的章程约定和有关制度是否有成员(代表)、理事会成员、监事会成员的签字。

(4)会计账目:查看该农民专业合作社是否能单独建账、独立核算,其会计账目是否是按照相关财务会计制度规范记账、核算的。

(5)成员账户:查看该农民专业合作社的成员账户的各项记录是否及时和齐全。

(6)盈余分配:查看该农民专业合作社的可分配盈余的分配比例是否符合法律和章程要求,是否依法按成员与本社的交易量(额)比例返还。

(7)章程制度:查看该农民专业合作社的章程是否规范,各项制度是否健全、公开上墙。

(8)服务事项:查看该农民专业合作社的各项服务内容和服务措施是否到位,效果如何。了解该农民专业合作社的管理团队的组成和管理水平。

(9)办公场所:查看该农民专业合作社的办公场所、办公设备、生产设施以及生产基地的外在形象,是否有可参观性。

(10)质量安全:查看该农民专业合作社对成员产品的各种质量认证书和各项生产记录,是否实行了标准化生产。

(11)经营业绩:查看该农民专业合作社是否有注册商标、产品包装,了解其销售渠道、经营收入、经营效益、成员收入等业绩。

(12)成员评价:与该农民专业合作社的普通成员开展座谈,了解其成员对该合作社的服务和经营是否满意,有什么意见和建议。

(13)遵纪守法:了解该农民专业合作社在运作和生产经营中是否有违法、违规行为。

另一方面要考察申请示范社的农民专业合作社的理事长的能力如何,考察他是否具备五种意识、三种能力。

五种意识:

(1)合作意识:看该农民专业合作社的理事长是否有带领成员共同致富的热情和愿望,考察他是否是按照《农民专业合作社法》的要求规范办社,考察他是否是把合作社当成其取得政绩或实现其他个人企图的工具和手段。

(2)服务意识:看该农民专业合作社的理事长是否诚心诚意为成员的利益着想,是否是全心全意地为成员办实事、谋福利。

(3)经营意识:看该农民专业合作社的理事长是否有较强的市场观念、明确的经营思路和追求盈利的愿望。

(4)创新意识:看该农民专业合作社的理事长在合作社制度建设、服务成员、生产经营等方面是否有新的思路和作为。比如,理事长是否能够搞好农业技术托管服务、合作社的资金互助服务、合作社的文化创意活动等。

农民专业合作社的运营要遵纪守法

（5）敬业意识：看该农民专业合作社的理事长是否能够把建设发展合作社作为其实现人生价值的一项事业，是否会为合作社的发展倾其精力，脚踏实地，并为之拼搏奋斗。

三种能力：

（1）组织能力：看该农民专业合作社的理事长在成员中是否有较强的威信和号召力，是否能够善于团结理事会和是否能够在广大成员中卓有成效地开展工作。

（2）管理能力：看该农民专业合作社的理事长是否有较高的理论素质、业务素质和较丰富的管理经验，是否能够对合作社的各项工作实施有序的管理并取得良好的业绩。

（3）公关能力：看该农民专业合作社的理事长是否有广泛的、良好的社会关系，是否善于交际，尤其能做好与政府部门、有关组织和客户的沟通工作，进而为合作社的建设发展争取更多的政策支持，开拓更大的市场，谋取最大的利益等。

五、示范社申报的基本流程

申请农民专业合作示范社，需要按照规定的申报流程提交申报材料。县级、市级和省级的具体申报部门和申报流程会有一定的差别，申报者需根据自己所在地的情况予以申报。

一般来说,县级示范社的申报流程为:

(1)填写县级农民专业合作示范社申报表,须有乡镇或主管部门的签署推荐意见。

(2)县农业产业化领导小组办公室会同有关部门对申报的企业和农民专业合作社进行条件考查审核提出初审意见之后,县农业产业化领导小组成员会议讨论通过。

(3)报备县人民政府批准公布入选的农民专业合作示范社名单。

小贴士 农民专业合作社示范项目申报程序和要求 [①]

农民专业合作组织示范项目的申报程序主要有三个环节。

(1)农民专业合作社应该按照本社章程的规定,经过民主决策,在本社资金允许的使用范围内,集中申请1～2个项目建设内容,并填报项目申报书。在此过程中,农民专业合作社要充分征求和听取种植、畜牧、水产等产业主管部门的意见,并接受省级农村经营管理部门的指导。

(2)项目申报书一式6份,经农民专业合作社的法定代表人签名后,合作社要自行留存1份,并将其余5份送交给当地县级主管部门进行审核。县级主管部门在审核之后须签署意见,并自行留存1份,将其余4份上报给省级主管部门。

(3)省级农村经营管理部门在申报数量限额内组织审核、筛选和排序,并提出项目建议,连同项目申报书,以财(计财)字文件分别报送给农业部农村经济体制与经营管理司(2份)和财务司(1份)。

申请农民专业合作社示范项目的合作社必须在申报的过程中报送以下材料的复印件:合作组织章程;营业执照(注册登记证书)、组织机构代码证及工商登记机关登记在册的成员名单;管理制度(包括财务管理制度);当年资产负债表和收益分配表;产品注册商标证书、获得的名特优产品证书,无公害农产品、绿色食品、有机食品或相应生产基地认证证书,地理标志认证证书,中国农业名牌等知名商标品牌证书,执行的生产质量安全标准文本,获得的省、市级示范专业合作组织(合作社)表彰的相关文件等。

---

① 肖梅《农民专业合作组织示范项目申报实施及验收流程简介》,《中国农民合作社》,2011年第7期。

六、申报国家示范社的标准

国家级农民专业合作示范社的申报必须达到以下标准：

（1）经县级以上工商行政主管部门依法登记注册满2年以上，社员人数达150人以上，并且该合作社中的农民成员达80%以上。

国家农民专业合作示范社

（2）有规范的合作社章程、健全的组织机构、完善的财务管理等制度；有独立的银行账户和会计账簿，有完善的成员账户；可分配盈余按交易量（额）比例能返还给成员的比例达60%以上。

（3）所从事的产业应当符合农业部优势农产品区域的布局规划和特色农产品区域的布局规划，能够并已经成为了当地的主导产业，而且本社成员的年纯收入应该要比当地非成员农民的年纯收入高出30%以上。

（4）与本社成员在市场信息方面、业务培训方面、技术指导方面和产品营销等方面有稳定的服务关系。能够统一农业投入品的采购和供应，统一生产质量安全标准，统一技术培训，统一品牌、包装和销售，统一产品和基地认证认定等。

（5）生产的农产品应该获得无公害农产品、绿色食品、有机食品的认证标志或地理标志认证，获得中国农业名牌，省级以上名牌农产品证书、著名商标证书或博览会奖项等。

案例　**全国首次以农民专业合作社名义获得中国驰名商标**

2011年5月27日，对于浙江忘不了柑橘专业合作社来说是个难忘的日子，因为这一天，"忘不了"被国家工商行政管理总局认定为中国驰名商标，而这也是全国首件以农民专业合作社名义获得的中国驰名商标。

用合作社理事长冯××的话来说，忘不了获得中国驰名商标是国家对农民专业合作社的最高肯定。其实，经过9年的艰苦发展，忘不了柑橘合作社及其品牌早已是荣誉满载：2002年荣获浙江省柑橘博览会金奖；2003～2005年连续 3 年荣获浙江省农业博览会金奖;2005 年荣获台州市首届"十大农业品牌"和"浙江省著名商标";2006 年荣获台州市知名商品、浙江名牌产品、中国绿色食品;2008 年荣获浙江省名品正牌农产品等荣誉称号。

科学管理立规范

浙江忘不了专业合作社之所以能够在短短 9 年时间里取得如此优异的成绩,与合作社一直以来坚持创新管理、科学种植密切相关。为使广大社员尽快更新传统农业技术,掌握柑橘新品种、新技术、新设施等技术的应用,增进安全优质生产的意识,促进产业水平上档次,忘不了合作社开创了"特色 + 档次"模式,在农业增效之路上迈出了可喜的一步。

合作社筹集资金建造了 180 平方米媒体电教室,为社员提供固定场所进行经常性的学习和培训;建立了科技服务机制,制定了《柑橘生产技术操作规程》、《果品质量技术标准》、《果品质量安全管理手册》及田间档案记录制度、质量追溯制度,做到岗位职责明确、管理制度和安全管理服务体系健全;聘请浙江省柑橘研究所和临海市特产技术推广总站等有关专家为合作社常年技术顾问;邀请韩国、日本及中国柑橘研究所和浙江大学等国内外柑橘专家来社讲学,不定期开展绿色果品生产技术培训。合作社建立土壤检测分析室和农残检测实验室,配备了相关仪器设备和专业技术人员,为社员做好技术、信息和检测等服务,柑橘实施标准化生产。

2009 年,合作社联合台州农资有限公司在合作社设立了涌泉农资综合服务中心,从源头上控制农药使用的种类,并配置了农药残留速测仪,在柑橘上坚持产品出厂检验,对检测不合格的社员产品拒绝收购,确保合作社产品的安全性。2011 年,合作社还将建立柑橘信息化管理示范基地,建设柑橘基地生态信息、树体果实生理发育和果园视频信息的实时监控和预警系统,及时全面掌握果园主要信息,实现远程管理和监控。

合作社目前拥有社员 143 户,建有柑橘科技示范园 200 亩,柑橘核心基地面积 1 100 亩,联结社员基地 8 100 亩,草莓基地面积 300 余亩,拥有办公综合用房 2 380 平方米,2010 年销售果品 6 800 吨,总资产达 3 280 万元。

扶持资金如何使用

2008 年,浙江台州市供销合作社作为"忘不了"合作社唯一的事业法人单位参股合作社。合作社通过供销合作社平台积极申报项目,已成功申报出境柑橘包装厂改建项目,获得省财政扶持资金 70 万元;500 亩优质新品种柑橘基地建设,获得省财政资金扶持 40 万元。

2009 年"忘不了"科技示范园被中华全国供销合作总社命名为农业标准化

示范基地,获项目扶持资金 10 万元。在台州市供销合作社的助力下,"忘不了"专业合作社从浙江省、台州市"示范性农民专业合作社"一跃成为全国总社首批"农民专业合作社示范社"。

有了这些资金支持,"忘不了"合作社与台州供销合作社社有企业台州新田园农副产品配送中心、台州农副产品集配中心合作,在全国 20 多个大中城市设立营销网点,大大拓宽了合作社销售渠道,其辐射范围更加广泛,充分发挥了示范合作社的带动能力。

2008 年,南方遭遇了罕见的冰冻灾害,当地大部分地方的低品质柑橘园受冻,柑橘受损面积约 8 000 亩,严重影响了农民收入。"忘不了"合作社及时调整产业结构,解决柑橘品种单一、季节性束缚强等问题,于 2009 年联合台州农资公司建立了临海市草莓科技推广示范基地。基地实行统一规划、统一基础设施建设、统一生产操作规程和病虫害防治,引进优良新品种,应用先进的科学管理技术,使得生产的产品质量大大高于市场的同类产品,深受消费者喜爱,取得了较好的经济效益,亩均收入 3 万元。2011 年有许多农户申请加盟草莓基地种植,据估计,"十二五"期间将带动 1 000 户农户,草莓种植面积有望发展到 3 000 亩。

2009 年年底,面对农民贷款难的局面,合作社在台州市供销合作社的扶持下,积极实施农村金融服务体系创新,根据省农办、省银监局的统一部署,成立了浙江省首家农村资金互助社,为社员提供金融服务。截至 2011 年 6 月底,合作社累计发放社员贷款 249 笔 3 777 万元,累计收回 178 笔 2 661 万元,不良贷款 0 笔。一个示范社的积极作用在向更大的范围、更广的领域延伸。

(资料来源:重庆农业农村信息网,2011-08-29)

第七部分　如何成立联合社

一、联合社的成立依据 [①]

受市场竞争的压力影响,为寻求更稳定的发展和改变其弱势地位,农民专业合作社逐渐从社际走向联合,渐渐形成了农民专业合作社联合社。在很大程度上讲,农民专业合作社自愿联合并组建农民专业合作社联合社是一个理性的经济行为,而不是一个行政捏合的产物。因为通过成立农民专业合作社联合社,可以引入新的运营模式和管理机制,增强合作社之间的协作,提升农民专业合作社的整体抗力。与此同时,成立农民专业合作社联合社,还可以加强区域与区域之间的优势互补,实现联合社社员利益最大化的愿望。基于各地的实践经验,农民之所以选择发展农民专业合作社联合社主要是出于以下三个方面的需求考虑:

一是出于规模经济的需要。农民专业合作社自愿联合并组建成农民专业合作社联合社,便可以突破以往的局限性,在农业生产资料的购买和农产品的销售上实现大规模购销的可能性,以此来节约交易成本和费用,获得更优惠的交易价格,产生更大规模的经济效益,同时也能够让农民专业合作社的成员获取更多的经济实惠。

二是出于组织再造的需要。近年来,我国农民专业合作社得到了较快发展,但是由于我国《农民专业合作社法》明确规定,只要有 5 个以上成员就可以组建一个农民专业合作社,所以我国农民专业合作社的规模普遍偏小,多数合作

---

① http://wenku.baidu.com/view/2c5f8efa700abb68a982fb61.html

社的入社成员均在 100 户以下,这样小生产的局面很难与需求量不断上涨的大市场相协调,所以将农民专业合作社进行组织再造的呼声日渐高涨。一些地区的实践经验表明,将同区域规模较小的同质的农民专业合作社进行二次组建整合,有利于增强彼此的竞争实力,避免恶性竞争,实现共赢。

三是出于服务功能拓展的需要。随着各地农民专业合作社不断发展壮大,合作社原有的"几个统一"的服务不再能够适应农民的多样化需求。农民专业合作社需要在其服务方面不断创新拓展,以提供更多的服务项目去满足农民的需求。但是,这些挑战对于单个农民专业合作社的实力来说,很难实现。所以,发展农民专业合作社联合社便迫在眉睫。由于联合起来的农民专业合作社能够互相取长补短,所以能够为成员们提供更经济、更有效的新服务。比如更大规模地扩大农产品的销售,实现产品的直销功能;兴办更多的农产品加工项目,实现合作社加工增值的功能;开展信用合作,实现合作社间资金互助的功能等。

河南省青年农民专业合作社联合会

二、怎样成立联合社 [1]

关于农民专业合作社联合社的成立,各地均有不同的成立程序。一般来说,农民专业合作社联合社的成立需要满足 5 个一般条件和 4 个专业条件。

1. 一般条件

(1)该农民专业合作社联合社是由农民自愿发起,并且有一定数量的农民同意创立的。

---

[1] http://wenku.baidu.com/view/88a224e95ef7ba0d4a733b3d.html, http://news.b2cf.cn/hzskx/201311/14044_1.shtml

（2）有合适的名称。农民专业合作联合社的名称应当能够清楚地反映该组织的类型和所从事的行业。

（3）联合社的成员拥有加入自愿、退出自由的权利。

（4）联合社的成员都应该能够遵守国家的法律和法规，该联合社也应该在国家法律法规的范围内运营。

（5）联合社作为一个经济组织，应该在经济活动中承担相关的经济责任，包括无限责任和有限责任。联合社在发起成立之时，就必须由会员自行讨论并决定采用哪种责任形式。

2. 专业条件

联合社的设立，除了要具备上述一般条件以外，还应具备以下几个方面的专业条件：

（1）农民专业合作联合社应该是由行业带头人发起创立。该发起人要有一定的号召力和影响力，能够有驾驭市场经济的能力和为合作献身的精神。

联合社应由行业带头人发起创立

（2）联合社应该有 2 个以上农民专业合作社作为其成员，而且农民成员至少应该占到成员总数的 80%。另外，省级农民专业合作社联合社必须要有 1 个省级农民专业合作示范社作为其成员。

（3）农民专业合作社联合社成员总数在 20 个以下的，可以允许有 1 个企业、事业单位或社会团体成员加入；但是，如果成员总数超过 20 个的，企业、事业单位或社会团体成员的比重不得超过其成员总数的 5%。另外，任何具有管理公共事务职能的单位都不能成为联合社的成员。

（4）允许跨地区成立。农民专业合作社联合社有别于社区合作组织、专业

合作组织、专业协会，可以跨乡、跨县，甚至跨省吸纳成员。

三、怎样为联合社命名？

农民专业合作联合社的组织名称应当清楚地反映出该组织的类型，并与该组织所从事的专业相一致。

四、农民专业合作社联合社与协会、联合会的区别

随着我国农民专业合作社不断走向联合，农民专业合作联合组织的形式选择成了我国当前亟须解决的问题。就目前而言，我国各地组建的农民专业合作社联合组织的形式主要有联合会、协会和联合社三种。这三种联合组织形式在组织属性、行为目标、运作机制等方面都存在着较大的差异。对于农民专业合作社而言，选择何种形式的联合最终取决于何种联合组织形式更有助于其实现社员利益的最大化。

成立联合社的作用

小贴士　农民专业合作社联合社的主要形式

农民专业合作社联合社是由2个以上同类或关联性较强的农民专业合作社自愿联合、依法设立的互助性经济组织。在具体实践中主要有三种形式：

一是同业型，即同行业的农民专业合作社自愿联合并组建成的农民专业合作社联合社；

二是同域型，即同地区的不同行业的农民专业合作社自愿联合并组建成的农民专业合作社联合社；

三是同项型，即同地区的不同行业的农民专业合作社为开展某项服务活动而自愿联合并组建成的农民专业合作社联合社。

与农民专业合作社联合会、协会相比,农民专业合作社联合社有以下优势:有组织包容性、服务与经营兼容性、成员利益一致性、社员控制性等,这些优势都有利于将社员的利益最大化。

五、我国联合社的发展策略

目前,基于我国的国情和农民专业合作社联合社的发展现状,我国政府应该扮演引导者的角色,帮助更多的农民了解联合社的意义,以提高农民加入农民专业合作社联合社的兴趣和积极性。此外,政府还应该尊重联合社的发展需求,不能过分干涉。一方面,政府应该设立相关的专项资金支持农民专业合作社联合社的培训、推广工作的展开;另一方面,政府还应该向联合社提供相关的信息服务、税收优惠政策等,以保障农民专业合作社联合社的正常运行。

就联合社自身而言,为不断提升农民专业合作社联合社的服务能力,联合社应该加强其在农业生产资料的提供、农产品销售服务和管理技术等方面的能力,加强其与政府部门和合作社成员沟通的能力等。

案例 **晋中农民专业合作组织从"合作社"到"联合社"的发展历程**

2011年3月中旬,榆次怀仁醋业联合社的醋业生产全线"飘红",实现了四翻番,食醋产值实现了翻两番,食醋产量翻一番,食醋销售价翻一番。社员户均收入达到28 500元,比入社前的14 500元翻了近一番,比没有入社的加工户户均增收7 400元,仅醋业一项该联合社社员就可实现人均纯收入7 000多元。怀仁已经发展成为"山西酿醋第一村"。

而榆次怀仁醋业联合社社员的好日子就是从2005年11月15日开始的,这一天,榆次怀仁醋业合作社正式在晋中市工商局注册登记,这也是山西省正式成立的第一家农民专业合作社。

当时的合作社变身为现在的联合社,见证的是晋中市农民专业合作组织发展的历程。目前,遍布全省的农民专业联合社不仅传播着最新的生产技术,还带着农户勇闯市场,力量不可小觑。

从单一到多元 合作社急需"变身"

数据显示:"十一五"期间,是晋中市农民专业合作社快速发展的时期。截至2011年3月底,晋中市共发展农民专业合作社4 746户,出资总额37亿元,成员总数3万多人,占全省农民专业合作社总数的2/5,名列全省第一。

晋中市农民专业合作社不仅数量多,特点也非常鲜明:一是发展速度快,

"十一五"期间,增长了30倍;覆盖范围广,基本覆盖了全市种植、养殖、蔬菜、水果等传统产业、特色产业和新型产业,涵盖了所有优势农产品产、加、销和服务一体化运作的全过程。二是合作领域宽,服务内容从单一的交流、传播技术向技术、信息、销售等综合服务方向发展。三是活动深度由单纯的生产环节扩展到产、加、销全过程。合作范围由村内、乡内发展到跨乡、跨县(市)。四是组织机制全,所有合作社全部按照《农民专业合作社法》的规范要求进行了登记注册,由原来的临时筹集成员,逐步发展成为现在技术合作、资金合作的利益共同体。五是带动能力强,能人和大户牵头创办合作社,具有较强的带动能力和比较优势。六是合作效益好,农民专业合作社凭借自身的平台优势,增强了市场开拓能力和市场竞争力,实现了效益翻番。

但是,随着市场竞争的加剧,单打独斗的农民专业合作社已经满足不了社员的诸多需求,合作社急需"变身"的呼声日益迫切……

从分散到抱团 市场竞争打出"组合拳"

晋中市农民专业合作社发展势头强劲,跨区域合作社大量出现。但在合作社数量迅速扩张的同时,也暴露出一些弊端。比如合作社资金力量不足,普遍存在集约化程度低、生产设施不配套等问题;大多小规模合作社由散兵游勇组成,单打独斗,没有大局意识,各做各的,各卖各的,品质千差万别,价钱有高有低,市场竞争形成了恶性循环;部分合作社在利益的驱动下,各自为政,互相之间通过假冒伪劣、竞相压价等不正当手段进行着低水平竞争,直接影响着其自身的良性发展;在激烈的市场竞争面前,很多农民专业合作社依然处于弱势地位,很难得到大企业的认可。

晋中市榆次区是一个传统养殖区,尤其是奶牛养殖总量较大。位于榆次区修文镇王香村的锦宏奶牛养殖合作社,过去曾一度为国内某大型乳业企业供奶,但该企业看不起小的合作社,不仅得不到合同文本,就连产品指标也一直由乳业企业单方确定,而且被压价、拖欠克扣奶款的事情也时有发生。要改变这种状况,就要淘汰无序竞争的小合作社,通过规范、重组形成"组合拳",促使合作社做大做强,真正实现农业增效、农民增收。

晋中市工商部门多次深入合作社调研,并与相关部门协作,积极探讨合作社的"前途"。由此,规范化、标准化、集团化运作的行业龙头组织联合社应势而生,为农民专业合作社撑起了一片新的发展空间。

联合社的成立,不仅为奶农撑起了"腰杆",也使晋中市更多的农户产业尝到了"甜头"。平遥县中药材合作社升级为联合社后,以更高的标准进行种植、加工、销售,进一步扩大了平遥中药材的种植规模,大大提升了平遥中药材的对外知名度,提高了中药材的售价,使当地药农的收入不断增加。现在,平遥县药农通过种植中药材增收已近千万元。

从弱小到强大 政府服务续力护航

农民专业合作社"抱团"组建联合社,得到了各方的肯定。据不完全统计,目前,晋中市已成立了 20 余户联合社。

合作社变联合社,带来了四大明显变化。

变化一:对市场的影响力增强了。榆次奶牛养殖联合社总资产和奶牛养殖规模都在当地乃至省内占据优势。该合作社果断解除了与原先企业的合作,通过平等谈判,以较大的权益实现了与国内另一家奶业巨头的合作。

变化二:实现了买方市场转为卖方市场的转换。实现了市场地位的对等,建立品牌、提升知名度、扩大市场占有率,联合社以自己过硬的产品质量赢得了市场认可。许多产品不仅稳定地巩固了省内市场,还撬开了邻省市场。众多企业找上门来,主动提价,形成了买方竞争的局面,由此,合作社在市场竞争中占据了主动。

变化三:资源共享,规模扩大了。"怀仁醋业"将几个合作社分布在全国各地的 35 个重复营销网点取消了,减少了销售人员近百人,仅此一项减少销售费用 100 余万元。通过统一组织销售和约定最低限价,让市场份额不大的品牌退出市场,重点打造和保护市场占有率高的"四眼井"和"春润"等品牌,撤回来的社员与其他社员一样,只专心为大品牌提供原醋。

变化四:农民利益实现了最大化。榆次奶牛养殖联合社实行统一谈判、统一销售,奶价由原来的每千克 2.6 元提高到 3.8 元,每千克奶从亏损 0.04 元到盈利 0.85 元,扣除管理费、公积金外,奶农还能另外享受到合作社的盈余返还。

(资料来源:山西日报,2011-03-31)

第八部分　农民专业合作社的资金互助

一、什么是农民专业合作社资金互助？

所谓农民专业合作社资金互助，是指经农民专业合作社全体成员代表大会审议通过，以合作社内部全体或部分成员自愿入股的方式，按照"民主管理、自我服务、互惠互利"的原则，在出资成员内提供借款业务的农民专业合作社内部的互助性资金服务行为。

农民专业合作社的资金互助

农民专业合作社开展内部资金互助服务的原则和基本要求[①]

农民专业合作社开展内部资金互助服务需要坚持的三个原则是:"对内不对外,吸股不吸储,分红不分息"。三项基本要求是:农民专业合作社开展的资金互助服务,只允许那些能够正常提供经营服务活动的"五好"示范合作社开展,而坚决不允许那些不曾提供任何经营服务活动的"空壳"合作社开展;农民专业合作社开展的资金互助服务,只能在那些于工商部门登记过的内部成员之间进行,而不能在非合作社成员之间进行;农民专业合作社开展的资金互助服务,必须严格限定在合作社经营场地内开展业务,而不能设立专门的门店对外吸储和放贷。

二、农民专业合作社资金互助存在的优势

1. 机制设置优势

农民专业合作社资金互助立足于农村,是一种新型的农村合作金融组织,具有"民办、民管、民享用"的特点,与其他商业银行相比,农民专业合作社资金互助服务源于农民,用之于农民,也在无形之中增加了农村金融自身的"造血"功能。一般而言,合作社成员均可用较少的资金入股就能够贷到较大数额的资金,使用费也要比正规的金融机构少一些。由此看来,农民专业合作社资金互助服务还能在一定程度上减轻农民的还款压力,并能够有效地帮助他们解决生产、生活以及其他方面的资金需求。

农民专业合作社的资金管理

2. 成本降低优势

农民专业合作社资金互助是建立在血缘、地缘和人缘基础之上的。由于合作社成员对彼此的家庭情况、借款用途和信用状况等都足够了解,所以合作社相关部门在审批成员贷款时就能够很快地作出判断并简化许多考察审批环节,从而提升资金贷款的速度和效率。为提高合作社的信息透明度,降低管理与监

[①] 杨群义《农民专业合作社开展内部资金互助服务主要做法、存在问题与建议》,《江苏商业会计》,2013 年第 2 期。

督的相对成本,农民专业合作社资金互助会定期向各成员公布合作社的资金运作情况。

3. 风险防范优势

为了降低农民专业合作社资金互助的风险,合作社建立了内外双重风险防范机制。对外,合作社从扩大资金规模、提高人员素质、加强监管力度等方面着手;对内,合作社严格规范借款、还款等环节,并且还建立了成员信用档案和提取风险准备金等。如此严格、谨慎的内外风险防范机制不仅对资金互助的相关工作人员和成员都产生了行为约束,而且有效地避免了一些风险的存在,确保了资金的安全运作。

小贴士　如何规范资金互助业务才能让政府认可,让百姓放心?

(1)规范入股手续,避免非法融资。

农民专业合作社资金互助业务要坚持"对内不对外、吸股不吸储"的原则,严格按照合作社的有关规定制定一套规范的借贷制度和手续。如入社申请书、入股凭证、社员证,股金起点,股金类别等。

(2)账务处置规范,日常管理到位。

农民专业合作社资金互助业务,要严格重视资金的日常管理工作,现金要及时入银行,存贷比要确保合理正常,严防集中挤兑风险的发生。

(3)制定股金投放原则,坚持为"三农"服务。

农民专业合作社的互助金投放要遵守相关法律的规定,不能投放到房地产等高风险行业,不能由少数个人集中管理。对于每一笔互助金的投放动态都要认真审核,且严格进行规范记录。

(4)建立合理的利益共享机制,达到规模可控。

农民专业合作社资金互助业务应该坚持"分红不分息"原则,让社员享受到资金互助给他们的红利。但是,合作社也不能为一味追求规模而盲目分红,而应该建立合理的利益共享机制,通过资金互助组织来将农业产业链上的各个主体联合起来,进而实现生产和流动的规模效益。

三、开展资金互助的步骤

农民专业合作社资金互助部的开展组建,需要经历发起、筹备和运营三个阶段。

首先,发起阶段主要有提案、讨论和决议环节。

1. 提案

由农民专业合作社的理事长或2名以上理事(股权需超过50％)向理事会成员提出议案,如果社员人数在150人以下的农民专业合作社则需要召开社员大会,由全体社员讨论;如果社员人数超过150人的农民专业合作社则只需要由社员代表大会讨论即可。所提出的议案必须严格按照《农民专业合作社法》的相关规定内容进行,否则讨论无效。一般来说,议案的内容应该包括:① 合作社发展现状;② 周边合作社发展情况分析;③ 开展资金互助的想法;④ 资金互助案例分享;⑤ 为合作社及社员带来的效益分析;⑥ 风险控制⑦ 总结。

2. 讨论

讨论人群是根据农民专业合作社的社员人数来决定的,讨论的内容主要是围绕对农民专业合作社及其社员的效益展开的。为保证讨论的正常顺利进行,农民专业合作社的理事长应该提前做好调解准备工作,可邀请当地有声望的人员参与调解工作等。

3. 决议

在讨论之后,如果同意的人数需占总讨论人数的51％,则提案顺利通过;否则提案无效。在提案未通过的情况下,理事长或秘书长有权行使他们的决定权,让提案顺利通过。但是,在此情况下,不建议理事长或秘书长行使此权利,因为这种做法会严重影响他们在农民专业合作社中的地位,影响合作社的长期发展。

其次,在筹备阶段,农民专业合作社首先应该考虑的是成立资金互助业务的合法性问题。其中,需要考虑的问题包括合作社的业务范围是否需要变更等。如果合作社的业务范围确实需要变更,那就需变更材料,并向原申请部门提出变更申请。如果原申请部门不予以变更,则需要找业务主管单位寻求帮助。在

合作社资金互助业务的合法性得到认可之后,农民专业合作社便可以进行内部的筹建工作了。内部筹建工作主要分为以下几项:

(1)合作社委托筹建任命书。由理事长召集相关理事成员、监事、各业务部门负责人进行开会讨论,最终决定是由个人还是部门进行筹建。讨论结果最后由理事长签发任命书,并交由个人或部门进行筹建。

(2)组建筹委会。由任命的个人或部门组建筹委会,具体筹委会的人事安排可由筹建小组内部决定。

(3)日程安排。筹委会要及时制定出组建资金互助的时间表、工作内容、计划完成时间、需要的外部支持等。如果遇到特殊情况,则需及时向理事长及理事成员汇报,以便做好协调工作,保证组建工作的顺利进行。

(4)申请书。合作社资金互助申请书主要交由工商部门或民政部门审核登记,申请书应包括以下内容:拟设立机构性质、组织形式、名称、业务范围、拟注册的资本金额和住所、发起人基本情况及出资比例、是否符合设立条件。

(5)可行性研究报告。该报告的形式具体可参考商业银行或农村政策性银行的报告,内容应该包括国家政策提要、当地经济金融分析、开展资金互助的可行性和必要性、市场前景、未来三年业务发展规划、风险控制能力、盈余分配比例(股金分红、年底收益)、经济效益、社会效益。

(6)筹建方案。具体的筹建方案由筹委会领导小组统一制定,一般需根据合作社的实际情况来安排,应包括注册(目前不验资、可适当调整)、入股设置(股本、股金)、组织架构、营业场所、规章制度等内容。

农民专业合作社资金互助论坛会

(7)认购入股说明书。认购入股说明书由筹委会制定。此外,筹委会还需负责筹集互助社的原始资金,该资金可作合作社内部调整,不需作为向工商部门或民政部门的登记数据。合作社的股金一般设资格股、原始股、流动股,需设置每种入股的资格和分配标准、认股后的权利和义务、认购资金使用方向、风险承担、第一批发起人的入股日期和金额、今后变更股本的入股条件和入股金额。

（8）发起人入股协议书。这是对发起人在合作社资金互助部获得认可的重要依据,可作为发起人今后退股或转股的凭证。该协议书的附件需注明发起人的名录,名录主要登记社员的身份信息、入股信息、借款信息、借款利率、借款年限、还款日期、联系电话等项目。该协议书的内容主要包括总则、经营宗旨、机构性质、名称、住所、业务范围、注册资本、股本结构、股权设置、发起人入股金额和入股比例、发起人权利和义务,发起人应在发起人协议书上签名盖章或委托代理人签名盖章。

（9）筹备完成。农民专业合作社资金互助工作筹备完成的标志以工商部门或民政部门的批复为准,或经业务主管部门同意后也可。

再次,是运营阶段。运营阶段的工作主要包括装修办公地点、建立组织架构、分配办公室、上墙制度、安排人员职责等,具体归纳为以下方面:

（1）组建资金互助部组织架构,组织架构图如下:

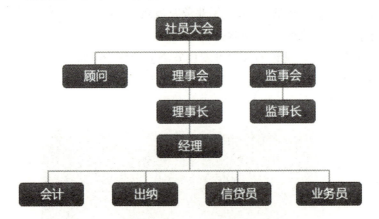

（2）签订责任书。组织架构确定之后,需要由入股的社员成立社员代表大会,并在大会上选举组织架构的相关人员。在人员确定之后,还需要签订相关的责任书,以明确个人的分工职责并签字按手印。

（3）会议章程。之所以要确定资金互助部的理事会章程,主要是为了明确定期举办会议的次数、时间、参会人员等,以方便增强彼此之间的联系。

（4）办公场所的划分。农民专业合作社内部的资金互助部不同于其他的金融性部门,其借款的主要对象是资金互助部的社员,所以对其办公室规划不用硬性安排。一般来说,农民专业合作社资金互助部主要有以下几个部门:办公室、经理室、财务室、业务室、督查室。

（5）上墙制度。资金互助部的上墙制度不仅能够体现该合作社的规范管理风格，而且还能使信息公开，让入股的社员及借款的社员都清晰明了。具体而言，上墙制度主要包括《资金互助社成员代表大会议事规则》、《资金互助社财务管理制度》、《资金互助社借款须知》、《资金互助社股金分配制度》、《资金互助社退股、退社须知》等。

（6）人员安排。合作社资金互助部的人员安排向来关键，因为这会直接影响到合作社的业务量。一般来说，一个资金互助部应该设立经理1名、副经理1名、会计1名、出纳1名、营业员2名（入股、借款）、业务员若干（可外聘）。

四、农民专业合作社资金互助的意义

1. 适应了农村金融变革发展的需要

农民专业合作社资金互助的出现，是农村发展的自然产物，也是新型农村生产关系的组织体。它能够将广大农民以资金入股的方式广泛联合起来，不仅适应了农村生产方式变革的需要，而且也推动了农业现代化的需要。此外，合作社资金互助的建立，也能够使农村的经营体制发生根本性的变化，令农民专业合作社在农村进行合作金融的可能变为现实；同时，合作社资金互助的建立也为我国新农村建设提供了有效的金融组织，实现了农业与农村经济的合作新方法。

2. 填补了正规金融机构在农村金融供给的不足

中国农业银行自1993年改革以来便逐步走向商业化，逐渐以"盈利性、安全性和风险控制"为其经营原则，不断以追求利润最大化为其目标。由于农民的借贷相对比较分散而且小额，所以中国农业银行不大愿意再向广大农民提供贷款支持。所以，能够为农村提供金融服务的主要机构就仅存农村信用社了。随着市场经济的不断发展，农村信用社也渐渐出现商业化的趋势。在此情形下，农民专业合作社资金互助的出现便为民间金融带来了福音，其简便、快捷的借贷方式不仅能够满足农民对短期资金的需求，而且也能够填补正规

中国农业银行
AGRICULTURAL BANK OF CHINA

金融机构在我国农村的"空白"。农民专业合作社资金互助作为新型的农村金融组织,不仅响应了国家支农的号召,而且也适应了农村生产关系变革的需要,缓解了农村金融供求的矛盾,克服了正规金融信息不对称、交易成本过高的劣势。

3. 促进了农村良好信用环境的形成

农民专业合作社资金互助是建立在一定的信用共同体基础之上的。在贷款时,合作社资金互助部可以根据成员的日常信用状况作出相应的调整:对信用良好的成员给以优惠,对于信用不佳的成员,资金补助部应给以其较高的还款成本等。由此一来,农民专业合作社资金互助便可以借助其自身的信用共同体的优势,有效地防止农村滥用信用资本的行为的发生。与此同时,还可以向农民宣传信用理念等信息,提高农民的素质,增强成员之间的凝聚力,改善农村的信用环境等。

4. 抑制了不法民间借贷行为的滋生

由于农村的资金通融相对不畅,加之农民向正规金融机构借款有一定的难度,所以部分农民会因为资金需求得不到满足而出现民间借贷的行为。一般来说,民间借贷多以高利贷的形式存在,其借贷利率远远高于同期国家法定的利率。高利贷不仅会提高农民的还款成本,而且极其容易引发借贷双方的经济纠纷事件,会严重扰乱农村的金融秩序,给农村的社会稳定造成一定的负面影响。相对而言,农民专业合作社资金互助会在一定程度上减少不法民间借贷行为的滋生,有利于民间金融逐步走向正规化。

抑制了不法民间借贷行为

第九部分 国家有关的惠农政策及其申请方法

一、《农民专业合作社法》规定的扶持政策

《农民专业合作社法》第七章专门设立了"扶持政策"一章,明文规定了农民专业合作社可享有产业政策倾斜、财政扶持、金融支持和税收优惠等的权利。

1. 产业政策倾斜

《农民专业合作社法》第四十九条规定,国家支持发展农业和农村经济的建设项目,可以委托和安排有条件的有关农民专业合作社实施。近年来,政府为促进农民专业合作社的发展,采取了许多相关措施。如2010年,农业部等七部委决定:第一,对于农民专业合作社承担的涉农项目,将农民专业合作社纳入申报范围,2011年、2012年继续落实;第二,尚未明确将农民专业合作社纳入申报范围的,应尽快纳入并明确申报条件;第三,今后新增的涉农项目,只要适合农民专业合作社承担的,都应将农民专业合作社纳入申报范围,明确申报条件。为了及时获得这些项目,符合条件的农民专业合作社应该向相关部门提出申请,经项目主管部门批准之后便可实施。

2. 财政扶持

《农民专业合作社法》第五十条规定,中央和地方财政应当分别安排资金,支持农民专业合作社开展信息、培训、农产品质量标准与认证、农业生产基础设施建设、市场营销和技术推广等服务。对民族地区、边远地区和贫困地区的农民专业合作社和生产国家与社会急需的重要农产品的农民专业合作社给予优先扶持。

从2003年开始,政府每年都会拿出专项资金扶持农民专业合作社的发展。

2008 年起,农业部和各省(自治区、直辖市)农业部门开始组织开展农民专业合作社示范社建设,每年都会评选一定数量的全国、省级和市(县)级农民专业合作社示范社,并适当给予奖励。符合条件的农民专业合作社应该按照有关部门的政府财政资金申报通知的要求,提出专项资金项目申请书,经批准后便可实施。

3. 金融支持

《农民专业合作社法》第五十一条规定,国家政策性金融机构应当采取多种形式,为农民专业合作社提供多渠道的资金支持。具体支持政策由国务院规定。国家鼓励商业性金融机构采取多种形式为农民专业合作社提供金融服务。

农民专业合作社提供金融服务

2009 年 2 月,银监会和农业部出台了《关于做好农民专业合作社金融服务工作的意见》,主要提出以下几点建议。第一,要把农民专业合作社全部纳入农村信用评定范围,以便银行等金融机构能够更好地了解农民专业合作社的经营状况。第二,要加大信贷支持力度,实施差别化的针对性支持措施。对于获得过县级示范社以上称号的农民专业合作社或受到过地方政府奖励以及投保农业保险的农民专业合作社,要在评级、授信、用信等方面给予适当优惠。第三,要鼓励有条件的农民专业合作社发展信用合作。要优先选择在农民专业合作社的基础上开展组建农民资金互助社的试点工作。第四,要对那些资金需求量大的农民专业合作社,运用政府风险担保、农业龙头企业担保等方式给予支持。第五,对于因自然灾害导致贷款拖欠的农民专业合作社,要按照商业原则适当延长贷款期限,并根据需求适当追加贷款投入。符合条件的农民专业合作社,要积极申请金融部门的相关政策性贷款支持,并及时提交相关材料。

4. 税收优惠

《农民专业合作社法》第五十二条规定,农民专业合作社享受国家规定的对农业生产、加工、流通、服务和其他涉农经济活动相应的税收优惠。支持农民专业合作社发展的其他税收优惠政策,由国务院规定。

自 2008 年 7 月 1 日执行的《财政部国家税务总局关于农民专业合作社有关税收政策的通知》规定了三种税收优惠政策。符合条件的农民专业合作社要及时了解相关优惠政策，保存相关的交易证据，在税务部门的配合下享受税收优惠。

二、优惠政策及其申请方法

所谓优惠政策，是指涉农企业或者农民专业合作社可享有的税收减免、用水用电优惠等优惠政策。农民专业合作社在工商局注册之后，完成项目建设，便可以向政策发布部门申请享受这些优惠政策。

优惠政策惠及农民

在我国，优惠政策主要有以下几类。

1. 购机优惠

农民专业合作社在购置农机装备时，能够享受国家给予的资金补贴优惠。

2. 土地流转优惠

我国部分地区对农民专业合作社土地流转给予优惠补贴。

3. 税收优惠

（1）农民专业合作社销售本社成员生产的农业产品，国家免征其增值税；国家对农民专业合作社生产的生鲜农产品，在流通环节减免税费。

（2）一般纳税人从农民专业合作社购进的免税农业产品，可按 13% 的扣除率计算抵扣增值税进项税额。

（3）农民专业合作社向本社成员销售的农膜、种子、种苗、化肥、农药、农机，可免征增值税。

（4）对农民专业合作社与本社成员签订的农业产品和农业生产资料购销合同，免征印花税。

4. 用电用水政策

（1）规模化养猪、蔬菜种植等生产活动使用的水、电与农业同价。

（2）电力部门对粮食烘干机械的用电价格按农业生产用电价格从低执行的政策。

申请并享有这些优惠政策，农民专业合作社应该做到以下几步：

首先，明确农民专业合作社（或农业企业）发展所处的阶段，处于刚刚起步的合作社（或农业企业）需要做好项目可行性研究报告；

其次，找当地农委、发改委做好报备，以明确各行政部门的职能特点；

最后，拿到政府的批复之后，便可到相关部门申请政策优惠。

三、补贴类政策及其申请方法 [①]

惠农补贴类政策，是指国家给予农业企业或农民专业合作社的贷款补贴、购机补贴、种粮补贴及农资综合补贴等。一般来说，补贴类基本都是先建后补类，在项目建设前需要得到当地政府部门的认可，做好项目报备，然后再申请补贴，等项目验收通过之后，才能拿到补贴。

自2005年取消农业税之后，我国相继出台了一系列强农惠农政策。所谓强农惠农政策，是指政府对从事农牧业生产的农民给予补助、补贴政策的简称。在这些政策中，有些是直接给农民发放补助，有些是对参与相关项目的农民进行补贴。概括起来主要有以下几项。

1. 粮食直补

粮食直补政策是从2004年开始实施的。国家对种粮农民的直接补贴优惠，由粮食直接补贴和农资综合直接补贴两部分组成。2007年，国家补贴标准为12元/亩。2008年，国家对亩均补贴标准和补贴强度系数（每百斤粮食的补贴额）过低的地区，进行了适当的修正，以便缩小各地区之间的补贴差距，充分调动农民种粮的积极性。

2. 农业生产资料综合补贴

农业生产资料综合补贴是从2006年开始的。由于化肥、农膜、柴油等农资

---

① http://www.lzny.com/Article/news_view.asp?newsid=1397　兰州农业信息网

价格上涨,加大了农民的种粮成本,所以国家对种粮农民实施这一补贴。

粮食直补

3. 良种补贴

国家之所以要制定良种补贴政策,一方面是为了推广良种,增加单产,增加粮食的产量,进而促进优质高效农业的发展;另一方面是为了改善粮食的品质,提高粮食的质量,增强市场的竞争能力;还有一点就是要满足我国对优质粮食品种的需要。

具体的补贴标准:高油大豆、优质专用小麦、专用玉米,每亩补贴 10 元;黑龙江、吉林、辽宁省农民种植水稻,每亩补贴 15 元;湖南、湖北、江西、安徽省农民种植早稻,每亩补贴 10 元,种植粳稻、中籼稻,每亩补贴 15 元,对晚籼稻的补贴,另行研究确定。江苏、浙江、福建、广东等传统水稻产区,也应在地方财政中安排专项资金用于水稻良种补贴。

补贴方式:种子补贴可通过供种单位给予补贴,即以体现补贴后的优惠价格将良种直销给农户,也可直补到农户。

农业部要求各地在使用项目资金时,要遵循"政策公开、农民受益、合同管理、专款专用"的原则。在选择供种单位时,各地要采取政府公开招标的方式,确定最佳的供种单位。任何单位和个人都不得挤占、截留或挪用项目资金,一经发现将从严处理。各地要加强对良种补贴资金的管理,严格管理供种价格,以确保补贴政策最终能够落到实处。

4. 农机具购置补贴

农民个人、农场职工、农机专业户和直接从事农业生产的农机服务组织在

国家良种补贴政策

购置和更新大型农机具时,可以享受国家给予的补贴。

农机具购置

补贴机具为:小麦、水稻、玉米、大豆四大粮食作物所需的拖拉机、收获机、耕整机等。

补贴标准:中央和省财政资金补贴标准"按不超过机具价格的30%左右进行补贴","单机补贴最高不超过5万元"。市县财政投入资金的补贴标准,由各地自行确定。

5. 能繁母猪补贴

为扶持生猪产业的发展,鼓励农民发展生猪养殖业,国家决定从2007年起实施能繁母猪饲养补贴政策、能繁母猪保险补贴政策、生猪良种繁育体系建设、生猪良种补贴政策以及生猪标准化规模养殖场（小区）建设项目等一系列政策措施。

能繁母猪饲养补贴

6. 能繁母猪保险

能繁母猪保险是国家通过保险机制进行产业宏观调控的首次尝试，也是在保险领域尝试将财政职能与市场机制相结合的首次实践，是国家为调动广大农户的养猪积极性，为解除农户的后顾之忧而开展的一项政策性保险。

能繁母猪保险费补助标准为：每头保险费 60 元，政府负担 48 元，农民承担 12 元。

7. 奶牛良种补贴

奶牛良种补贴实行属地管理原则。补贴对象是奶牛养殖场、养殖小区和养殖户，奶牛良种补贴以冻精（实物）形式补贴。每头补贴冻精 2 支，每支补贴 15 元。

8. 退耕还林

2000 年开展试点，2002 年全面启动。

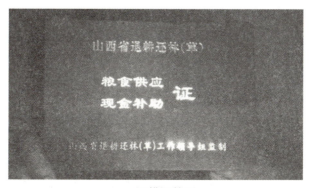

退耕还林证

补助期限：还生态林补助8年，还经济林补助5年，还草补助2年。一周期结束后，不再补助。

补助标准：按照国家标准为主，每亩退耕地补助粮食（原粮）100千克，现金20元。补助粮食（原粮）的价款按每千克1.4元折价计算。

退耕还林粮食和生活费补助期满后，从次年起，每年每亩退耕地享受补助现金70元，原每亩退耕地每年享受20元生活补助费，继续补助给退耕农户，并与其管护任务相互挂钩。

退耕还林工程的建设资金属于国债专项资金。资金管理单独开户，单独建账，单独核算，专款专用，封闭运行，账务清晰、原始凭证齐全。

9. 测土配方施肥补贴

国家和省份通过补贴测土、配方、配肥等重点环节，建设一定数量的项目县，对项目县进行测土配方施肥推广。

测土配方施肥补贴

补贴标准：项目补贴资金根据财政部、农业部《测土配方施肥试点补贴资金管理暂行办法》（财农〔2005〕101号）的标准，对新建、续建的项目县目标任务进行补贴，主要用于野外调查、采样测试、田间试验、配方施肥、仪器设备购置、数据库建设、地理评价和组织管理等。对于新增的项目县，用于仪器设备的补贴不超过30万元，续建项目县用于数据处理与技术培训设备、应用软件购置等仪器设备的补贴不超过10万元。

农民专业合作社申请并获取以上惠农补贴优惠，需要做以下几步工作：

（1）查条文，筛信息。

相关部门及个人要及时关注科技、发改、财政、农业、商务、林业、供销总社、水利、工信九大部委及其所属省、市部门网站的农业补贴类信息。另外，农民专业合作社还应该了解其合作社的关键技术、合作社的自身建设、合作社的配套服务设施、合作社的人才培养等信息，以便结合合作社实际情况，筛选出适合的补贴类信息，从而向对口部门申报相关的农业补贴。

（2）申报材料结合当地，突出带动性。

申请补贴需要提交相关的申报材料，如果申报材料写得不够规范或不能体现出合作社的优势和特点，就很有可能会造成申报的失败。所以，在申报项目的准备工作中，农民专业合作社应该安排部分人员，进行文件解读、实施规划、并积极与相关机构对接等，以便制定出一份高质量的申报材料，加大申报成功几率。

（3）多找政府，加强沟通。

申请补贴项目，需要提前立项给政府，且项目的实施过程也要汇报，所以一定要加强与政府相关部门的沟通，以便最后的验收工作能顺利进行。因为补贴类优惠都是"先建后补，先干后奖"，所以验收环节会直接关系到最终补贴能否最终到账。

小贴士 **2013 年国家强农惠农政策措施**

2013 年国家强农惠农政策措施

种粮农民直接补贴政策	产粮（油）大县奖励政策	渔业柴油补贴政策
农资综合补贴政策	生猪大县奖励政策	提高小麦、水稻最低收购价政策
良种补贴政策	畜牧良种补贴政策	动物防疫补助政策
农机购置补贴政策	畜牧标准化规模养殖支持政策	农产品产地初加工扶持政策
深入推进粮棉油糖高产创建政策	测土配方施肥补助政策	土壤有机质提升补助政策
生鲜农产品流通环节税费减免政策	草原生态保护补助奖励政策	农业防灾减灾稳产增产关键技术补助政策
渔业资源保护补助政策	"菜篮子"产品生产扶持政策	国家现代农业示范区建设政策
农村沼气建设政策	基层农技推广体系建设政策	鲜活农产品运输绿色通道政策
基层农技推广体系改革与示范县建设政策	基层农技推广体系特岗计划	农作物病虫害防控补助政策
阳光工程	现代农业人才支撑计划	扩大新型农村社会养老保险试点政策
培育新型职业农民政策	培育农村实用人才政策	农村、农垦危房改造政策
完善农业保险保费补贴政策	村级公益事业一事一议财政奖补政策	完善新型农村合作医疗制度
农村改革试验区政策	扶持专业大户、家庭农场和农民合作社等新型经营主体政策	

四、专项扶持类政策及其申请方法

专项扶持类政策,是指国家为扶持某些农业项目或合作社的产业而拿出的专项资金,其扶持资金力度大,但覆盖范围相对较小。

扶持范围:经济林及设施农业种植、畜禽水产养殖等种植养殖基地项目;粮油、果蔬、畜禽等农产品加工项目;储藏保鲜、产地批发市场等流通设施项目。

扶持重点:规模化、标准化、专业化设施种植和设施养殖项目;与项目区农民主要农副产品生产、购销密切相关的农副产品加工、流通设施改扩建项目。

扶持对象:示范带动作用强的农业产业化龙头企业(含省级农业综合开发办事机构审定的龙头企业)和具有一定规模的农民专业合作社。

投资规模和使用范围:

(1)中央财政补贴资金全部无偿,单个项目中央财政年度补贴资金原则上不高于200万元、不低于50万元(合作社不低于30万元)。

以省为单位,年度中央财政补贴的资金总额原则上50%以上用于中央财政补贴资金超过100万元(含)的重点项目,其他用于一般项目。

(2)地方财政应按规定的比例落实配套资金,且原则上实行无偿补贴。

(3)财政补贴资金原则上不超过项目建设总投资的40%。

(4)财政补贴资金使用范围。

① 种植基地项目:经济林及设施农业种植基地所需的灌排设施、土地平整、农用道路、输变电设备及温室大棚,品质改良、种苗繁育设施,质量检测设施,新品种、新技术的引进、示范及培训等。

葡萄种植基地

② 养殖基地项目:基础设施,疫病防疫设施,废弃物处理及隔离环保设施,

质量检测设施,新品种、新技术的引进、示范及培训等。

奶牛养殖基地

③ 农产品加工项目:生产车间、加工设备及配套的供水、供电、道路设施,质量检验设施,废弃物处理等环保设施,卫生防疫及动植物检疫设施,引进新品种、新技术,对农户进行培训等。

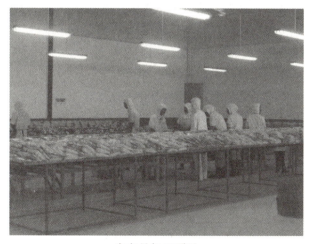

农产品加工项目

④ 流通设施项目:农副产品市场信息平台设施,交易场所、仓储、保鲜冷藏设施,产品质量检测设施,卫生防疫与动植物检疫设施,废弃物配套处理设施等。

财政补贴资金也可用于项目可行性研究、初步设计或实施方案、环境评估费等前期费用,但原则上不得超过财政补贴资金总额的3%。

项目申报、评审和备案:

（1）项目单位应在进行可行性研究的基础上，由具备相应资质的单位或组织有关专家编制项目可行性研究报告、项目摘要（含电子版），向所在地的农发办事机构申报项目，并按自下而上、逐级申报的原则，报至省级农发办事机构。

（2）所有项目原则上由省级农发办事机构组织评估和审定，并在规定的时间内上报国家农发办备案及确认。

省级农发办事机构向国家农发办报送项目备案和确认文件时，应该附报所有项目的项目摘要（含电子版）。

（3）国家农发办对省级农发办事机构组织的项目评估、审定工作进行指导、监督，并按一定比例随机抽查，如发现问题，按有关规定严肃处理。

小贴士　国家相关农业扶持政策

（1）党中央国务院农业扶持政策。
① 关于加大统筹城乡发展力度进一步务实农业农村发展基础的若干意见。
② 关于进一步做好农民工培训工作的指导性意见。
③ 关于统筹推进新一轮菜篮子工程建设的意见。
④ 关于进一步做好定点扶贫工作的通知。
（2）国家农业部农业扶持政策。
① 保护性耕作工程建设规划（2009-2015）。
② 全国优势农产品区域布局规划（2008-2015）。
③ 特色农产品区域布局规划（2006-2015）。
④ 全国肉牛优势区域布局规划（2008-2015）。
⑤ 全国肉羊优势区域布局规划（2008-2015）。
⑥ 全国奶牛优势区域布局规划（2008-2015）。
⑦ 全国生猪优势区域布局规划（2008-2015）。
⑧ 全国蔬菜重点区域发展规划（2008-2015）。
⑨ 全国蔬菜标准园创建工作方案。
⑩ 全国标准茶园创建活动工作方案。
⑪ 关于组织开展热作标准化生产示范园创建工作的通知。
⑫ 关于支持农业产业化龙头企业发展的意见。
⑬ 关于贯彻落实《关于统筹推进新一轮菜篮子工程建设的意见》的通知。
⑭ 关于创建国家现代农业示范区的意见。
⑮ 关于加快推进畜禽标准化规模养殖的意见。

⑯ 关于推进农业经营体制机制创新的意见。

⑰ 全国测土配方施肥技术普及示范县(场)创建工作方案。

⑱ 关于编报农业综合开发农业部专项项目初步设计的通知。

⑲ 关于推进农业品牌工作的通知。

⑳ 编报农业综合开发良种繁育及优势特色种羊示范项目初步设计及实施计划的通知。

（3）国家发展改革委农业扶持政策。

① 全国粮食新增 500 亿千克生产能力规划（2009-2020）。

② 关于组织实施现代中药产业发展专项的通知。

③ 关于请组织申报促进粮食增产增收创新能力建设专项的通知。

④ 关于申报生猪标准化规模养殖场（小区）建设项目投资计划的通知。

⑤ 关于申报奶牛标准化规模养殖小区（场）建设项目投资计划的通知。

（4）国家财政部农业扶持政策。

① 中央财政农作物良种补贴资金管理办法。

② 关于落实农业生产化经营贴息贷款项目的实施意见。

③ 中央财政天然橡胶良种补贴项目实施指导意见。

④ 关于积极开展合作共同推进农业产业化经营的通知。

⑤ 中央财政小型农田水利设施建设和国家水土保持重点建设工程补助专项资金管理办法。

⑥ 中央农村环境保护专项资金管理暂行办法。

⑦ 国家农业综合开发产业化经营项目申报指南。

⑧ 中央财政小型农田水利重点县建设管理办法。

⑨ 关于实施中央财政小型农田水利重点县建设的意见。

⑩ 新农村现代流通服务网络工程专项资金管理办法。

⑪ 2011 年农业综合开发土地复垦项目申报指南。

第十部分　中央文件对农民专业合作社的利好政策解读

一、2014年中央一号文件对农民专业合作社的重大利好

1. 增加合作社专项扶持资金

2014年中央一号文件明确指出"完善财政支农政策，增加'三农'支出"。即2014年的国家支农资金会在2013年的基础上继续增加，并且农业经营主体的财政补贴额度也会有相应的调整。依据中央一号文件精神，有省份规定：2014年农业财政补助资金扶持合作社需达到60％，其余农业产业化龙头企业与个体农业经营者共同占40％的比例。另外，国家不断拓宽"三农"的投入资

金渠道,这也意味着农民专业合作社的补贴形式会日渐多样化,并不仅仅是依靠国家财政补贴这一项,日后会在贷款贴息、以奖代补、风险补偿等方面进一步强化补助方式。

2. 财政资金直接拨付到账

2014年中央一号文件指出"允许财政项目资金直接投向符合条件的合作社,允许财政补助形成的资产转交合作社持有和管护,有关部门要建立规范透明的管理制度"。比如,农民专业合作社申报的农业项目是直接由市农业局发起的,那么农民专业合作社在将农业项目申报上报之后,市财政资金就会直接将款项拨付到合作社的账户,中间不需要经过县级财政这一环。这种财政资金直接拨付到账的做法,不仅更便于农民专业合作社获取项目资金,而且也能有效地防止政府从中克扣项目资金等问题。

农民专业合作社的资金支持

3. 重点培训合作社领头人

2014年中央一号文件指出"加大对新型职业农民和新型农业经营主体领办人的教育培训力度"。我国正处在传统农业向现代农业转变的关键时期,所以急需将大量的先进农业科学技术、高效农业设施装备、现代化经营管理理念引入到农业生产经营的各个环节和各个领域中。目前,我国农村劳动力素质普遍偏低、老龄化和农业兼业化均存在问题。为了从根本上解决这些问题,农民专业合作社也应该承担其相应的责任,继续推进我国现代农业发展朝专业化、标准化、规模化和集约化的目标前进,并培育出一批综合素质高、生产经营能力强、主体作用发挥明显的农业领头人。在2012年,我国农业部办公厅已经启动了新型职业农民的培育试点,预计在2014年会将一些成果突出的试点经验逐步推广至全国,其中,新型职业农民的培训重点对象就是各个合作社的领头人。

4.合作社发展资金有望破解

2014年中央一号文件指出"鼓励地方政府和民间出资设立融资性担保公司,为新型农业经营主体提供贷款担保服务"。我国农业的发展,不能仅凭政府的带动投资,不能只一味地依靠国家扶持。当前,我国正鼓励在农民专业合作社中引入金融杠杆工具,以便更好地促进合作社的"血液循环"。自2013年起,农民专业合作社贷款难的问题有所缓解,不仅农村商业银行加大了对农民专业合作社的贷款力度,而且连农业发展银行、中国农业银行等也有意同农业部门一起为农民专业合作社的贷款

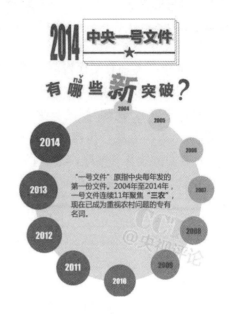

开辟绿色通道。在2014年,我国各地的相关银行均在酝酿相关的优惠条款,并计划在近期推出服务,由此看来,2014年的农民专业合作社贷款应该不会有太大的难题。

二、其他中央一号文件对农民专业合作社的利好政策

1.2013年中央一号文件鼓励发展农民专业合作社的利好政策[1]

一是大力支持发展多种形式的新型农民合作组织,鼓励农民兴办专业合作

2013年中央一号文件对农业的政策支持

---

[1] http://blog.tianya.cn/blogger/post_read.asp?BlogID=4510539&PostID=50230859 经济与农业论坛

和股份合作等多元化、多类型的专业合作社。

二是建立农民专业合作示范社。实行部门联合评定示范社机制,分级建立示范社名录,把示范社作为政策扶持重点。对示范社建设鲜活农产品仓储物流设施、兴办农产品加工业给予补助。

三是继续增加农业补贴资金规模,新增补贴向专业大户、家庭农场、农民合作社等新型生产经营主体倾斜。

中央一号文件对家庭农场的资金补贴

四是安排部分财政投资项目直接投向符合条件的合作社,逐步扩大农村土地整理、农业综合开发、农田水利建设、农技推广等涉农项目由合作社承担的规模。

五是增加农民合作社发展资金,支持合作社改善生产经营条件、增强发展能力。

六是农业信贷向农民专业合作社倾斜,在信用评定基础上对示范社开展联合授信,有条件的地方予以贷款贴息,规范合作社开展信用合作。

七是完善合作社税收优惠政策。

八是创新适合合作社生产经营特点的保险产品和服务。

九是建立合作社带头人人才库和培训基地,广泛开展合作社带头人、经营管理人员和辅导员培训,引导高校毕业生到合作社工作。

十是落实设施农用地政策,合作社生产设施用地和附属设施用地按农用地管理。

十一是引导农民合作社以产品和产业为纽带开展合作与联合,积极探索合作社联社登记管理办法。

2. 2012 年中央一号文件鼓励发展农民专业合作社的利好政策[①]

一是在加大对农业的投入和补贴力度方面,2012 年中央一号文件提出:"按照增加总量、扩大范围、完善机制的要求,继续加大农业补贴强度,新增补贴向主产区、种养大户、农民专业合作社倾斜。"

二是在提升农村的金融服务水平方面,2012 年中央一号文件提出:"有序发展农村资金互助组织,引导农民专业合作社规范开展信用合作。完善符合农村银行业金融机构和业务特点的差别化监管政策,适当提高涉农贷款风险容忍度,实行适度宽松的市场准入、弹性存贷比政策。继续发展农户小额信贷业务,加大对种养大户、农民专业合作社、县域小型微型企业的信贷投放力度。"

三是在着力抓好种植业的科技创新方面,2012 年中央一号文件提出:"加大动植物良种工程实施力度,加强西北、西南、海南等优势种子繁育基地建设,鼓励种子企业与农民专业合作社联合建立相对集中稳定的种子生产基地,在粮棉油生产大县建设新品种引进示范场。对符合条件的种子生产开展保险试点,加大种子储备财政补助力度。"

2012 年中央一号文件对农业的利好政策

四是在支持和培育新型农业社会化服务组织建设方面,2012 年中央一号文件提出:"通过政府订购、定向委托、招投标等方式,扶持农民专业合作社、供销合作社、专业技术协会、农民用水合作组织、涉农企业等社会力量广泛参与农业

---

① http://www.caein.com/index.asp?NewsID=76207&xAction=xReadNews　中国农经信息网

产前、产中、产后服务。充分发挥农民专业合作社组织农民进入市场、应用先进技术、发展现代农业的积极作用,加大支持力度,加强辅导服务,推进示范社建设行动,促进农民专业合作社规范运行。支持农民专业合作社兴办农产品加工企业或参股龙头企业。"

五是在农村实用型人才培训方面,2012年中央一号文件提出:"以提高科技素质、职业技能、经营能力为核心,大规模开展农村实用人才培训。充分发挥各部门各行业作用,加大各类农村人才培养计划实施力度,扩大培训规模,提高补助标准。加快培养村干部、农民专业合作社负责人、到村任职大学生等农村发展带头人,农民植保员、防疫员、水利员、信息员、沼气工等农村技能服务型人才,种养大户、农机大户、经纪人等农村生产经营型人才。大力培育新型职业农民,对未升学的农村高初中毕业生免费提供农业技能培训,对符合条件的农村青年务农创业和农民工返乡创业项目给予补助和贷款支持。"

六是在加快促进农业机械化方面,2012年中央一号文件提出:"加大信贷支持力度,鼓励种养大户、农机大户、农机合作社购置大中型农机具。"

七是在加强农产品的流通设施建设方面,2012年中央一号文件提出:"扶持产地农产品收集、加工、包装、贮存等配套设施建设,重点对农民专业合作社建设初加工和贮藏设施予以补助。"

八是在改善农产品的流通方式方面,2012年中央一号文件提出:"大力发展订单农业,推进生产者与批发市场、农贸市场、超市、宾馆饭店、学校和企业食堂等直接对接,支持生产基地、农民专业合作社在城市社区增加直供直销网点,形成稳定的农产品供求关系。扶持供销合作社、农民专业合作社等发展联通城乡市场的双向流通网络。"

3. 2011年中央一号文件鼓励发展农民专业合作社的利好政策

在税收优惠政策方面,2011年中央一号文件指出:"对农民专业合作社销售本社成员生产的农业产品,视同农业生产者销售自产农业产品免征增值税;增值税一般纳税人从农民专业合作社购进的免税农产品,可按13%的扣除率计算抵扣增值税进项

税额;对农民专业合作社向本社成员销售的农膜、种子、种苗、化肥、农药、农机,免征增值税,对农民专业合作社与本社成员签订的农业产品和农业生产资料购销合同,免征印花税。"

在金融支持政策方面,2011年中央一号文件指出:"把农民专业合作社全部纳入农村信用评定范围;加大信贷支持力度,重点支持产业基础牢、经营规模大、品牌效应高、服务能力强、带动农户多、规范管理好、信用记录良的农民专业合作社;支持和鼓励农村合作金融机构创新金融产品,改进服务方式;鼓励有条件的农民专业合作社发展信用合作。"

在财政扶持政策方面,2011年中央一号文件指出:"农机购置补贴财政专项对农民专业合作社优先予以安排。"

在涉农项目支持政策方面,2011年中央一号文件指出:"只要适合农民专业合作社承担的涉农项目,都应将农民专业合作社纳入申报范围,明确申报条件。"

在农产品流通政策方面,2011年中央一号文件指出:"鼓励和引导合作社与城市大型连锁超市、高校食堂、农资生产企业等各类市场主体实现产(供)销衔接。"

在人才支持政策方面,2011年中央一号文件指出:"从2011年起组织实施现代农业人才支撑计划,每年培育1500名合作社带头人。继续把农民专业合作社人才培训纳入'阳光工程',重点培训合作社带头人、财会人员和基层合作社辅导员。鼓励引导农村青年、大学生村官参与、领创办合作社。"

4. 2010年中央一号文件鼓励发展农民专业合作社的利好政策[①]

2010年中央一号文件明确提出要"大力发展农民专业合作社"。为此,中央在财政、金融、税收等方面都加大了扶持力度,以全面提升农民专业合作社带动农民增收致富的潜力。具体的利好政策主要包括:

一是新增农业补贴适当向农民专业合作社倾斜。

二是深入推进示范社建设行动,对服务能力强、民主管理好的合作社给予财政补助。

推进示范社建设行动,以示范社为标杆能够引导和促进农民专业合作社又好又快发展。具体来说,以示范社为引领,不仅有利于促进农民专业合作社建立和健全各项内部管理制度,提高合作社的管理规范化水平,而且也有利于引导农民专业合作社建立和健全各项生产记录制度,增强农产品的质量安全管

[①] http://blog.sina.com.cn/s/blog_64453a8a0100hi4r.html

理,提高合作社的生产标准化水平。此外,还有利于扶持农民专业合作社开展无公害、绿色、有机等"三品"和地理标志认证工作,发展合作社的优势产业和特色产品,提高合作社的经营品牌化水平。为此,国家开展农民专业合作社示范社的认定工作,并对一些服务能力强、民主管理好的合作社给予一定的财政补助,能够有效地增强合作社的示范带动能力,也能够有效地扶持和引导农民专业合作社规范快速发展。

三是各级政府扶持的贷款担保公司要把农民专业合作社纳入服务范围,支持有条件的合作社兴办农村资金互助社。

四是扶持农民专业合作社自办农产品加工企业。

综合分析,可以看出农民专业合作社的一个必然发展趋势,即合作社会随着我国工业化、信息化、城镇化、市场化和国际化的进程不断加快,农村经济在发展过程中必然会面临各种来自国内外的新挑战。作为农村经济中的新型市场主体,农民专业合作社也迫切需要强化其内在能力。2010 年一号文件提出"扶持农民专业合作社自办农产品加工企业",实际便是要鼓励农民通过农民专业合作社这种组织形式来大力发展农产品加工企业。由此,农民专业合作社便可以进一步延伸其产业链条,提升其产品附加值,给农民带来更多的增值利润。

中央一号文件对农业的政策扶持

五是全面推进农超对接,重点扶持农产品生产基地与大型连锁超市、学校及大企业等产销对接,减少流通环节,降低流通成本。按照《教育部办公厅、农业部办公厅、商务部办公厅关于高校食堂农产品采购开展"农校对接"试点工作的通知》的要求,要适时引导农民专业合作社与学校实行产销对接。此外,还应该引导农民专业合作社与农业产业化龙头企业、大型连锁超市等实行产销对接,以便引导农民专业合作社建设一批标准化生产基地,或举办一些合作社产品展示展销活动等,最终提升合作社的产加销一体化发展水平,帮助合作社拓宽营销渠道,扩大在社会上的影响力,提升其产品的知名度等。

5. 2009 年中央一号文件鼓励发展农民专业合作社的利好政策[①]

一是抓紧出台对涉农贷款定向实行税收减免和费用补贴、政策性金融对农业中长期信贷支持、农民专业合作社开展信用合作试点的具体办法。

二是加快发展农民专业合作社,开展示范社建设行动。

三是加强合作社人员培训,各级财政给予经费支持。

四是将合作社纳入税务登记系统,免收税务登记工本费。

五是尽快制定金融支持合作社、有条件的合作社承担国家涉农项目的具体办法。

中央一号文件鼓励农业发展

6. 2008 年中央一号文件鼓励发展农民专业合作社的利好政策[②]

一是鼓励农民专业合作社兴办农产品加工企业或参股龙头企业。

二是扶持发展农机大户、农机合作社和农机专业服务公司。

三是全面贯彻落实农民专业合作社法,抓紧出台配套法规政策,尽快制定税收优惠办法,清理取消不合理收费。

四是各级财政要继续加大对农民专业合作社的扶持,农民专业合作社可以申请承担国家的有关涉农项目。

---

① http://www.caein.com/index.asp?xAction=xReadNews&NewsID=41678 中国农经信息网

② http://www.jl.gov.cn/hdjl/zxft/srstt2011njyhcygz_28217/ftzy/201111/t20111122_1107593.html 吉林省人民政府

7. 2007 年中央一号文件鼓励发展农民专业合作社的利好政策^①

一是认真贯彻农民专业合作社法，支持农民专业合作组织加快发展。

---

① http://www.jl.gov.cn/hdjl/zxft/srstt2011njyhcygz_28217/ftzy/201111/t20111122_
1107593.html 吉林省人民政府

　　二是各地要加快制定推动农民专业合作社发展的实施细则,有关部门要抓紧出台具体登记办法、财务会计制度和配套支持措施。

　　三是要采取有利于农民专业合作组织发展的税收和金融政策,增大农民专业合作社建设示范项目资金规模,着力支持农民专业合作组织开展市场营销、信息服务、技术培训、农产品加工储藏和农资采购经营。

第十一部分　国际农民专业合作社的发展经验

一、美国农业合作社 [1]

在美国的农业经济中,农业合作社占有很重要的地位。根据美国农业部合作社发展局公布的农业合作社的统计资料来看,在 2006 年,美国的农业合作社数量就达到了 2 893 个,社员人数超过 260 万。这些数据已经超出了美国家庭农场的总数,由此看来,农业合作社已经成为美国农业的一个重要经济实体。

在 19 世纪,美国农业合作社就已经出现了。当时,美国的农业已经进入商品化、市场化时期,一些农场主因无法对抗中间商和大公司的压榨,所以自愿发起并组织起来一起推销农产品。美国第一个农业合作社成立于 1810 年,即康涅狄洲牛奶合作社。之后,美国农业合作社发展迅猛,到 1890 年,美国就已经有 1 000 多个合作社了。到 1920 年年底,数量更是达到了 14 000 个。但是,由于 1929 年美国爆发了严重的经济危机,所以农业合作社也受到了重重的打击。1955 年,农业合作社的数量就已经不到 10 000 个了,1970 年,数量更是降到了 7 790 个。此后,美国的农业合作社数量基本呈逐年下降的趋势:1981 年,农业合作社的数量为 6 211 个;到了 2005 年,农业合作社的数量为 2 896 个。但是,在农业合作社数量减少的情况下,美国农业合作社的社员数却在渐渐增加,尤其是在 1955 年之前增加速度更为迅速。比如,在 1931 年,美国农业合作社的社员人数大约为 300 万,到了 1955 年,社员人数就已经达到了

① 李建军《农村专业合作组织发展》,北京市:中国农业大学出版社,2010 年版。魏威,
　穆久顺《美国与我国农民专业合作社的比较及其启示》,《中国集体经济》,2009 年 33 期。

773万。但是,在1955年之后,农业合作社的社员人数呈现下降趋势,到1997年,美国农业合作社的社员人数就已经减少到了324万;到2005年,社员人数更是降到了257.1万人。尽管如此,美国农业合作社的社员人数还是远远超过了美国的农民总数量。在2005年,美国的农民总数量为213万。为什么会出现这样的现象?这是因为几乎所有的美国农民都加入了农业合作社,并且有的农民还选择加入了多家农业合作社。根据美国1981年的相关数据统计,平均每个农民加入了约2.6个供销合作社。

在美国,究竟什么是农业合作社?根据美国农业部的说法,农业合作社就是指拥有共同所有权的人们在非盈利的基础上为获得他们自己所需要的服务而自愿联合起来的组织。它通常具有法人地位,通过本社成员的共同参与来实现其经济目的。在一个合作社中,投资、经营风险、盈利与亏损,都由其成员根据他们使用合作社服务的比例来合理分担。合作社就是由在合作社的资本结构中作为使用者而不是作为投资者的社员实行民主管理。

关于美国农业合作社的发展类型,主要有以下四种:

(1)农产品销售合作社。所谓农产品销售合作社,是指将农户生产的农产品集中搜集起来,以加工、分销、直销等方式,批量投入市场的农业合作社。这类合作社主要经营的对象有水果、蔬菜、棉花、家禽、牲畜、干果、谷物、油料作物、大米、糖类等农产品。销售合作社的业务,基本上贯穿于农业生产者与市场消费者之间,能够实现农产品的价值增值。比如,一些销售合作社,在搜集好农产品之后,会进行一系列的加工,然后将社员的产品贴上合作社的商标,之后才将农产品投入市场。

(2)信贷合作社。美国的信贷合作体系是由合作社银行以及联邦土地银行和联邦中间信贷银行及生产信贷协会组成的。其中,美国农业信贷体系的组成部分之间既有联系,又有分工。如,美国联邦土地银行主要是向农场主提供一些长期抵押贷款以便他们购买土地和建筑物等不动产。美国联邦中间信贷银行主要是为生产信贷提供资金,再由生产信贷协会向农场主提供中短期贷款,以便弥补农场主流动资金不足的问题。合作社银行主要是专门为农场主合作社提供贷款的信贷机构,不仅提供中短期贷款,也提供长期贷款、出口贷款等。在美国,有两种由农场主和农村居民组织的信贷合作社,一种是信贷联盟,另一种是信用合作社。所谓信贷联盟,是指一种非盈利性的合作社组织形式,主要目的是为了给农场主成员们提供比较高的存款利息和比较低的贷款利息,另外,也为农场主成员们提供金融知识的教育和培训服务。所谓信用合作社,是指为社员们提供支票账户、自动提款机和一系列消费贷款服务的合作社组织形式。由于信用合作社主要是利用社员的存款提供贷款服务的,所以相比一般的盈利性银行来说,信用合作社的存款利息要高,但贷款利息要低。

（3）供应合作社。这类农业合作社主要是以合作的形式向农场主供应一些农用生产资料,并且提供一些相关的技术指导和维修指导等服务。例如,为农场主提供一些饲料、化肥、种子、牲畜医疗产品、汽车配件、日用产品等服务。供应合作社,主要分为专业型合作社和综合型合作社。其中,专业合作社一般只经营一种或者一类商品,但覆盖面广,供应量也很大。而综合型合作社的业务范围相对要广一些,不仅培育和生产种子、提供谈判价格等,也涉及石油勘测和开采、农业科学试验等服务。

（4）农业服务合作社。一般来说,农业服务合作社的范围涉及很广,主要是针对农业生产经营的需求为农场主提供各类专门的服务,如医疗保健、汽车运输、人工播种、农作物收割等。在美国,这种合作社占到农业合作社的10%左右,典型的佛罗里达和加利福尼亚的有害虫防治和果园护理合作社,中西部地区的土壤测试和化肥科技合作社,威斯康星州的牲畜体检合作社等。

相比较中国的农民专业合作社来说,美国的农业合作社与其有一些相同之处。从二者的起源来看,不管是中国的农民专业合作社,还是美国的农业合作社,都是市场经济和农业商品化的产物。从二者的管理机制上看,都明确规定了社员入社和退社自由,实行民主管理,即无论是中国的农民专业合作社,还是美国的农业合作社,都是坚持民主自治的原则,实实在在地为农民服务的组织。从二者的组织结构来看,基本都可以划分为销售型、信贷型、供应型、服务型等种类型的合作社。从二者的发展趋势来说,都在朝着规模化、大型化、经营一体化、综合化等方向发展。

小贴士　**美国农业合作社的发展启示有哪些?** [①]

（1）要建立和健全相关的法律法规制度,强化合作社的内部管理机制。

美国农业合作社的发展,离不开健全的法律法规的引导和约束。所以,我国农民专业合作社要想长远地发展下去,也需要依据相应的法律法规。目前,我国相关部门不断出台有关政策,尤其是《农民专业合作社法》的出台,更是为我国农民专业合作社的发展指明了方向。当然,在制定政策之时,政府部门要

---

① 魏威、穆久顺《美国与我国农民专业合作社的比较及其启示》,《中国集体经济》,2009 年第 33 期。

充分考虑各地的特色和情况,要因地制宜地实施,以便于全国农民专业合作社的整体发展。

(2)要设立专门的机构和计划引导和支持合作社的发展。

美国联邦政府对于农业合作社的发展给予了很大支持。比如,在20世纪30年代时,美国农业部就为了促进合作社的发展成立了专门机构。如今,美国农业部的农村企业和合作社服务局主要负责农业合作社的发展。"合作社计划"、"企业计划"都是支持农业合作社的专项计划。对此,我国也需要设立专门的一些机构和计划以引导和支持农民专业合作社的发展。目前,我国在这方面有很大的投入和建设,并取得了相应的成果。

(3)要大力发展培训教育工作,以便提升农民的整体素质。

美国的农业合作社很注重对于社员的培训教育工作,以便提升生产效率,促进合作社增收。我国农民专业合作社也应该开展相关方面的工作,以提升农民自身的生产技术、合作意识,提高农民对合作社的认识等。一方面,不仅有利于提高合作社的生产效率,也有利于确保农民自身的主体地位,提高他们管理合作社的能力。

(4)要不断创新合作社的发展模式。

美国农业合作社,不断尝试创新发展模式。如新一代的农业合作社,将农业生产者的联合与资本的联合融为一体,有效实现了粮食的加工转换增值。对于我国的农民专业合作社来说,我国也应该在现有生产模式的基础上,不断创新,以便探索出一条更有效的发展路径,实现合作社利润的最大化。

(5)要逐步壮大合作社的实力,开展合作社联合工作。

总体来说,美国的农业合作社都规模较大,有一定的实力,所以基本上每个合作社都有能力做好产前、产中和产后的相关工作,所以盈利相对较好。对于我国的农民专业合作社来说,由于我国各地的基本情况各不相同,并且多数地区的农民专业合作社处于分散状态,所以整体的服务能力不是很强,市场竞争力业相对较弱。所以,我国应该加强合作社走向联合的工作,以提高合作社的实力,更全面地服务社员,满足社员的需求。

二、德国农民专业合作社 [①]

德国的农民专业合作社,至今已经有一个半世纪的历史了。早在1864年,莱夫艾森就创立了德国的第一家合作社——赫德斯道夫信贷合作社。在德国,

---

[①] 徐旭初、贾广东、刘继红《德国农业合作社发展及对我国的几点启示》,《农村经营管理》,2008年第5期。

莱夫艾森合作协会与德国合作社是合作社组织的总会和全国最高监督组织。根据德国的《合作社法》规定,所谓合作社,就是指社员群众共有的合作经济组织,有着"民有、民享、自主、自治、自助"的特征,具备法人地位,虽然其组织形式为合作社,但是其经营体制为公司。各类合作社积累的公共资产的所有权归社员集体所有,并由国家基本法和合作社法作保证。总体来说,德国的合作社是由社员自愿组建的,能够通过"民办国助"和相互自助的方式帮助全体社员提升经济发展的合作经济组织。农民专业合作社的成立,必须由3名以上的社员按照自愿互助、自我管理和自负盈亏的原则成立。社员在加入合作社时,需要有一次性投入,其具体金额及使用与分配办法都会在合作社章程中有明确的规定。

如果按照组织体系划分的话,德国合作社可以分为全国、地区、地方三个等级,其中,全国和地区两级的合作社称之为合作社联合会,地方一级的合作社称之为合作社。如果按照经营业务范围划分的话,合作社又可以分为五种类型,具体为:信贷合作社、供应合作社、销售与加工合作社、拍卖合作社、生产服务合作社。其中,信贷合作社,是由入社农户共同出资建立的,其职能主要是为农户提供信贷担保服务;德国供应合作社,共有110个,分属于3个中央采购合作社,主要供应种子、肥料、饲料等生产资料;销售与加工合作社,范围很广泛,包括甜菜合作社、马铃薯合作社、牛奶合作社、牲畜和肉类合作社、蛋禽合作社、羊毛合作社等。拍卖合作社,主要是针对一些不易长久储藏保鲜的农产品,如水果、蔬菜、鲜花等,其主要职能是将这些农产品通过拍卖的方式,尽可能地在最短的时间内完成销售工作;生产服务合作社,主要是负责向成员提供技术、信息等各种生产性服务的合作社。

小贴士　**德国农民专业合作社发展的主要经验有哪些?** [①]

(1)要不断与时俱进,完善农民专业合作社的法律框架体系。

为使农民专业合作社规范化运行,德国早在1867年就制定了第一部《合作社法》,对合作社的相关问题作出了明确的规定。此后,德国政府曾先后四次对农业合作社法进行变更与调整,以便能够顺应合作社的发展与市场变化。《德国经营及经济合作社法》是最新的有关合作社的法律法规,其对合作社的法人

---

① 中国人民银行重庆营业管理部调查统计处《德国农民专业合作社发展经验及对我国的启示》,见《金融统计分析报告2010年第三季度》一书,中国金融出版社,2010年版。

地位、法律责任、社员出资、盈余分配、组织治理、法定审计、解散清算等问题都做出了专门的、详细的规定,为农民专业合作社的健康发展奠定了坚实的法律基础。

（2）要完善农民专业合作社内部的治理结构和交易、服务、分配机制。

德国农民专业合作社都有着层次分明、职责明晰的组织结构体系。合作社实行一人一票的表决方式,其内部组织结构主要分为社员代表大会、理事会和监事会、经营管理人员。其中,社员代表大会是农民专业合作社的最高权力机构,审议合作社的投资发展计划、运营规划等事项;由社员代表大会选举产生的理事会和监事会,执行社员代表大会决议、决策和监督执行合作社的经营方针、重大投资和盈利分配等事项;合作社的经营管理人员主要对合作社以市场经济的运作模式进行管理。

此外,德国农民专业合作社还有着严格的交易、服务、分配机制。具体来说,在交易方面,所有的农民专业合作社的成员都必须通过合作社来开展销售或服务活动;在服务方面,所有的农民专业合作社都需要为其社员提供相应的服务,此外也可以在必要的时候帮助非社员,但其交易额要有一定的限制;在利润分配方面,合作社内部的盈余分配主要取决于合作社成员所进行经济活动的数量和质量。

（3）要多元化、综合性经营农民专业合作社,以避免市场风险、增加收入来源。

为了有效地规避市场风险,增加合作社的收入,大多数的德国农民专业合作社都采取了多元化混合的经营模式,具体说来有以下三种类型:

首先,发展循环经济。在德国,这种模式主要集中于畜牧养殖合作社。为了保持畜牧业养殖的可持续发展,德国农民专业合作社采取了相应的循环经济运营模式,能够节约经营成本,又能够增加社员的收入。

其次,发展下游产业,拉长产业链条。对于那些无法走发展循环经济路线的农民专业合作社来说,就需要大力发展产业链条,拓宽其生产加工、包装等下游产业,以增加农产品的附加值。

再次,要大力发展综合性大型商社集团。对于那些规模较大、实力较强的农民专业合作社来说,打破原有的传统经营模式,走向新型经营模式已经成为了时代的要求。如今,一些资金实力雄厚,管理经验丰富的农民专业合作社,都开始试着向发展观光旅游、零售超市、机械修造等领域进军,逐步形成一个综合商社集团。

（4）各专业合作社之间要取长补短、联动发展。

由于各地区的具体生产情况并不相同，所以每个农民专业合作社都有其独特的优势，为了能够使各个合作社之间互通有无，实现资源共享，所以需要打破各个专业合作社之间的隔阂，加强合作社之间的合作，进而提升农民专业合作社的整体经营效益。比如在德国，并不是所有的农民专业合作社都从事农业生产，还有一些合作社专门以服务为主，所以应该将这些合作社充分调动起来，让它们在各自领域发挥优势，进而达成最佳状态。

（5）要高度重视对科技与信息的应用，要建立长期的教育培训机制。

当今世界，科技发展迅猛，并且渗透到生产、生活的方方面面。在农业生产方面，德国农民专业合作社的科技水平已经位于世界前列。在种植、加工、养殖、销售、能源开发等方面，几乎都能够充分地利用高新技术，提高生产效率，增加附加值等。在这样的情形下，农民专业合作社的管理机制也应该随之发生变化。一方面，对于合作社内部的技术人员来说，应该保持学习的状态，及时学习相关的最新知识，进而将这些知识再传递给合作社的农民。

此外，对于合作社科技人员的招聘来说，也应该适当地调高门槛，以吸纳优秀的人才，为合作社提供良好的人员素质保障。此外，合作社还应该设置相关的机构以提供给农民优质的培训服务。德国农业合作社协会，就对广大农民和合作社提供优质的咨询和培训服务，对农民专业合作社的成立程序、具体业务等都会提供专业的指导等。此外，还会为合作社成员提供大量的有关农产品市场发展的信息等。

（6）规范审计制度，定期开展审计工作。

根据德国相关法规的规定，合作社在成立之前必须先经过当地审计协会的审计，并且在成立之后还必须要加入合作社审计协会和定期接受审计协会的审计。在德国，对于合作社进行的审计内容是全方位的，不仅会调查合作社日常的业务往来、资产情况，而且还会对合作社的领导层的管理方式等作出审计。在审计结束之后，合作社审计会将审计结果在全员大会上进行公布，以便于成员及时了解合作社的经营情况。

（7）政府需制定多方位的扶持及优惠政策。

为了鼓励农民专业合作社的发展，德国政府制定了相关的扶持、优惠、补贴政策。例如，对于刚刚成立的合作社，政府会给予创业资助和投资补助。即新成立的农民专业合作社在5年之内均可享受政府的创业资助，具体的资助标准是根据其合作社的规模而定的；并且，在7年之内可以享受投资补助政策。在税收政策方面，政府对农民专业合作社实施免税政策。即农民专业合作社可以免交营业税和机动车辆税,另外,对于那些提供咨询、农机出租等服务的农民专业合作社可以免交法人税等。

三、法国农民专业合作社①

同德国的农民专业合作社一样,法国的农民专业合作社也有非常悠久的历史。据相关资料记载,法国最早的合作社成立于 12 世纪,名称为汝拉奶酪合作社。在法国的农业生产体系中,农业合作社是最基本的组织形式,占有重要的地位。1962 年,法国颁布了一系列与农民合作社相关的法律,明确规定了"农民合作社及其合作社联盟是不同于民事企业和贸易企业的一类特殊企业,它具有独立的法人权利和完全民事权利"。之所以说农业合作社不同于民事企业和贸易企业,是因为农业合作社是可变资本企业,其资本和社员可以随时变动,并且其理事会也有权力吸纳新的社员以增加其合作社的资本积累等。此外,法国还将合作社视为是一种能够体现共同利益的特殊法人,并且给予其特殊的经济待遇。就清算来说,合作社的剩余财产并不是要像一般的企业那样分给股东。

同一般的企业一样,法国农民专业合作社也需要到所在地的商事法院进行注册登记。其登记周期大致在一周左右,登记成功之后便可以列入法国的企业名册中,并获得法人地位。此后,还需要通过农业部的审核,才能真正成立。法国的农业部有专门设立的跨行业合作社审计处,主要职能是需要对合作社的申请者提交的材料进行核实,以判断该合作社是否合理。其审核周期比较长,大约需要一年的时间。最后通过了农业部的审核之后,该合作社便可以享受国家的相关优惠政策。

同一般的企业相比,法国农民专业合作社可以享受的税收优惠政策主要表现在两个方面。首先是农民专业合作社可以根据其经营利润的多少来享受免公司税;其次是农民专业合作社可以根据其不动产总额的多少来决定是否对其地方税征收减半。法国之所以对农民专业合作社在税收政策上有所倾斜,是因为农民专业合作社的成立目的并不是为了盈利,而更多的是为了服务农民,帮助农民延伸扩展生产经营范围,增加农民的收益。所以,在很多情况下,农民专业合作社并没有什么义务需要交纳公司所得税。但是,如果农民专业合作社与非社员之间的交易超过了 20%,那么就需要对合作社的全部盈余征收公司税。这是因为合作社与非社员发生交易行为并产生盈余,就不能够按照所规定的合

---

① 全国人大农业与农村委员会代表团《法国农业合作社及对我国的启示》,《农村经营管理》,2005.4

作运作进行返还,就会额外形成合作社的收益。按照法国的相关法律法规规定,对于合作社与非成员之间的交易需要进行单独的核算,并单独征收税款。

法国的农业合作社,最初只是单纯的生产组织,之后渐渐地发展成为以生产组织为基础、以产业经营为主导的合作组织。随着其规模的不断壮大,其职能也在不断扩大中。具体来说,法国的农业合作社,其职能主要集中表现为以下几方面:

(1)生产农产品、统一购销农业生产资料。

(2)提供生产过程中所需要的各种技术,如化肥、农药的使用方式和剂量、田间管理等。

(3)建立农产品质量标准,追踪、认证农产品的质量等。

(4)统一调配组织农业机械的使用。

(5)统一贮藏、运输、加工和销售农产品。

(6)提供市场信息、法律咨询等信息服务。

根据是否吸收、发放存款的标准划分,法国合作社可以分为农业信贷合作社和非信贷农业合作社。根据服务的标准划分,法国合作社可以分为农业信用合作社,农业保险合作社,农产品生产、服务、购销合作社。其中,农业信用合作社包括农业互助信贷银行、独立的农业信用合作组织等;农业保险合作社包括农业互助保险合作社和农业社会保险合作社等;农产品生产、服务、购销合作社包括农产品生产合作组织、农业服务合作社和农产品流通领域的合作社等。按照组建模式的标准划分的话,法国合作社又可以划分为基层合作社、合作社联盟等。其中,基层合作社,也就是一级合作社,是由农业生产经营者直接参与组建的;合作社联盟,也就是二级合作社,是由多数基层合作社参与组建的合作社联合社。

在法国,同一区域或者同一行业的合作社会组成联合会,在法律上主要表现为协会或同业工会。这些联合会的主要任务是要维护加入联合会的合作社的利益。通常,这种联合会主要分为两种类型,一种是全国性的专业合作社联合会,另一种是区域性的专业合作社联合会。其中,全国性的专业合作社联合会是由合作社按照其产品或者其活动内容组建的,设有全体代表大会和理事会。典型的案例就是全法葡萄酒酿制业合作社联合会,其拥有867个葡萄酒生产合作社成员。区域性的专业合作社联合会是由同一区域内的不同专业的合作社联合会组建的,是地区行业和管理机构的合作组织代表。

小贴士　**法国农业合作社的发展启示有哪些？**

（1）要想将小农户与大市场联结起来，实现农业的产业化经营，走农民专业合作社的道路是有效途径。

为了将小规模经营的农户与市场接轨，使其能够获得更多的产前、产中、产后收入，法国实施走农民专业合作社的道路，使得农户能够借助农民专业合作社的帮助，获得农产品贮藏、加工和统一销售等服务。而就在农户与农民专业合作社互动的过程中，就有助于农业走向产业化经营的方向。比如，法国靠3 500个合作社就带动了将近90%的农户，大致产生了670亿欧元的产值。其中，仅香槟地区谷物生产合作社一家，就能够为1万多名社员提供全程服务，并且每年会收购250多万吨的农产品，带动75万公顷的谷物生产。

当前，我国的农业产业化的进程还有待进一步提升，我国农业生产仍不能很好地与市场结合起来，所以就需要充分调动农民专业合作社的功能，帮助农业与市场接轨。相比较法国而言，我国在这方面的立法工作有些滞后，以至于有些地区的农民专业合作社的功能无法发挥出来，所以我们应该依据我国的基本国情制定合适的有关农民专业合作社的法律法规，以促进农民专业合作社更加健康地发展下去。

（2）农民合作经济组织是特殊的法人形态。

法国将农民专业合作社视为能够体现一定共同利益的特殊法人，所以政府给予其许多特殊的经济待遇。在我国，农民专业合作社与一般的企业也有区别，毕竟我国的农民专业合作社的最终目标是要服务社员，所以其盈余分配原则也是不同于一般的企业的。为了保护农民专业合作社的这种特殊性，我国在有关法规的制定时就应该充分、明确地体现出这一特殊属性，以维护农民专业合作社的市场地位。

（3）法律在对农民合作经济组织的内部机构进行规定时，应该要尽量给予宽松空间。

我国的农民专业合作社设有成员（代表）大会、理事会、监事会等，各司其职，相互监督。而在法国，一些农民专业合作社是允许不设立监事会的，尤其对于那些特大规模的农民专业合作社，更是如此。根据法国相关法规规定，农民专业合作社在内部管理机构的设置上可以根据其所从事的行业、所在的地域而享有很大的自主权。这点，对于我国的农民专业合作社来说，应该予以借鉴。我国各个区域都有各自特点，所以在经营管理农民专业合作社时可以依据当地特殊情形予以实施，以便更好地调动农民专业合作社的管理、生产积极性等。

（4）对于农民合作经济组织，政府要给予一定的特殊优惠政策。

农民合作经济组织是一种农民自愿组建的互助性组织，在一定程度上具有公益性质，所以政府应该在某些方面给予其一定的优惠政策，以便激发合作社的积极性。譬如，法国对于农民专业合作社就给予了一些税收优惠政策，直接促进了农民专业合作社的发展。对于我国的农民专业合作社来说，我国也应该出台一些相关的优惠政策，以刺激农民专业合作社的发展积极性，改善农民的生活水平，改善农村的整体风貌，这对于我国全面建设小康社会、建设社会主义新农村等都有一定的积极作用。

四、韩国农民专业合作社[1]

韩国农民专业合作社，又称韩国全国农业协同组合中央会，是韩国农民自愿组成的互助性组织。据李伟民编著的《金融大辞典》介绍，韩国农业合作社，是根据韩国《农业协同组合法》于 1961 年在原农业协同组合和韩国农业银行合并的基础上建立的。作为农业合作社联合的中央机构，该组织的建立和业务活动得到了政府的大力支持。与日本、法国等其他国家农业合作社不同的是，它不是由自下而上逐级联合形成的，而是自上而下由政府推动与支持层建立的。起初由中央、市（县）、基层农协三级组织机构组成。后来又将三级组织改为两级组织。市（县）级组合是中央会的派出机构，目的在于减少中间环节，加强中央会与基层"农协"的联系，以促进农业的发展。[2]

韩国农民专业合作社，基本都是以行政区域或者经济协作区作为中心而组建的，所以合作社的名称往往会冠上其所属的地区名称。在韩国，农民要想成立农民专业合作社，必须至少由当地的 20 位农民共同提议发起，然后再召开准备会议，制定相关的合作社章程，通过成立大会的决议之后，才能办理登记、注册等手续。同中国的农民专业合作社类似，韩国农民专业合作社也设有成员大会，理事会、监事会等。其中，成员大会每年定期召开一次，理事会主要负责农民专业合作社的日常工作，监事会主要负责监察农民专业合作社的财务和业务等工作。

在韩国，还设有合作社中央委员会。合作社中央委员会，是一个全国性的合作经济组织，主要维护全国合作社的利益，以便促进合作社的整体发展。要

① 申龙均《试论韩国农业合作社》，《吉林省经济管理干部学院学报》，2001 年第 1 期。
② 李伟民《金融大辞典》，黑龙江人民出版社，2002 年版。

想成立合作社中央委员会,就必须由全国范围内的15个以上的农民专业合作社作为发起人,然后再召开成立准备会议,制订相关章程,并经成立大会审议通过,最后还需要得到韩国农村水产部长官的认可。

韩国农民专业合作社的社员,基本都符合以下两条标准:首先,其耕地面积达10亩以上,并且能够在一年的时间内从事农活90天以上;其次,其饲养的大牲畜有1头以上、小牲畜20头以上、家禽30只以上。需要入社的成员,都需要交纳一定的资金。入社后,农民必须利于合作社,如果入社一年后不利于合作社,或者在生产过程中出现损害合作社信用的事情,都会被农民专业合作社除名。

概括来说,韩国农民专业合作社的社员,其权利主要包括社员大会表决权,合作社共同设施使用权,合作社干部选举和被选举权和盈利分配权等。其必须履行的义务主要包括负担亏损,合作购销,交纳出资金、经费和金融等。

在韩国,农户之所以选择加入农民专业合作社,是以此来维护其自身的经济利益和提升其自身的社会地位。总体来说,韩国农民专业合作社的组织原则有以下几条:

1. 入社退社自由原则

同我国的农民专业合作社相同,韩国农民加入农民专业合作社也有入社和退社自由的权利,且任何人不得非法干涉。

2. 民主管理原则

韩国农民专业合作社实行一人一票制,实施民主管理。

3. 盈利公正分配原则

韩国农民专业合作社对内为社员提供服务,对外则实行企业管理,所以会产生一定的盈余。一般来说,合作社的盈余都是按照合作社社员利用合作事业的份额比例进行公正分配。

4. 资本利息受限原则

所谓资本利息受限,是指农民专业合作社的社员所出资金的利息会低于市场利息。这种规定,便有利于合作社社员积极出资,并逐步提高合作社的公共积累,进而扩大经营规模。

5. 合作社教育原则

为了提高全体社员的协作素质、科技素质等,农民专业合作社需要建立或借助一些教育机构开展社员培训工作。此外,也可以借助广播、电视、互联网等媒介开展相关的工作。

6.合作社之间协作原则

合作社之间开展合作工作,不仅有利于合作社之间的资源流通,而且也有助于彼此之间互通科技技术、人员往来等。所以,打破合作社之间的隔阂,更有利于提高合作社的整体工作效率,更有利于巩固合作社的经济、社会地位。

小贴士 **韩国农民专业合作社的职能有哪些?**

(1)农村金融职能。

韩国银行法规定,合作社中央委员会行使农村金融中心职能,这是因为韩国没有农业银行。所以,合作社中央委员会需要提供以下服务:办理社员及合作社的存款,发放农业债券,受理政府对农村的金融支援等。

(2)农产品销售职能。

韩国的农民专业合作社以及合作社中央委员会为履行农产品销售这一职能,会在各个农产品产地建设一些流通设施,以便按照内部统一价格批量收购农产品,之后通过一系列的检验、分类、包装等环节,再将收购的农产品统一按照市场价进行出售。此外,在一些大中型城市的农民专业合作社以及合作社中央委员会还会设有农产品批发市场和农产品综合商场等,能够更便捷地促进农产品的快速流通,甚至出口业务。

(3)工业品购买职能。

农民专业合作社以及合作社中央委员会除了需要按照社员的要求统一采购化肥、农机具、农药等农业生产资料之外,还需要自办一些连锁店经营农村日用工业品。对于这些日用工业品,在出售给社员时需要按照低于市场价的价格进行出售。

(4)产品加工职能。

农民专业合作社以及合作社中央委员会关于产品加工职能主要体现在开办农产品加工企业、开办农用生产资料生产企业等方面。这些企业的开办,不仅能够将农产品通过粗加工和细加工的方式实现增值,还能通过生产部分农用生产资料的方式降低生产成本。

(5)共同利用设施职能。

在社员生产和生活的要求下,农民专业合作社以及合作社中央委员会需要陆续购买或者建置一些运输车辆、中大型农业机械、仓库等设施,而且也需要提供一些与教育、文化、医疗等息息相关的生活福利设施。

（6）社会保障职能。

农民专业合作社以及合作社中央委员会需要为社员提供社会保障服务，比如为社员办理火灾、财产、农作物、人身等保险服务，为社员提供文化教育、保健养老等保障服务等。

（7）教育指导职能。

农民专业合作社以及合作社中央委员会需要定期对社员普及相关的生产经营技术知识，介绍相关的农业政策，以便提升合作社成员的整体素质；对合作社社长以及各级干部进行思想、管理方法理念的教育等，以便提高他们的主人翁意识和服务意识。

五、日本农协

在日本，农协能够代表广大农民的利益，有强大的政治影响力和经济辐射力。农协的存在，对日本农村经济的发展、农民生活水平的提升都有着重要的作用。所谓日本农协，即日本农业协同组合，也就是我们通常所说的农业合作社。日本农协是在《农业协同组合法》的指导下建立的，遵循"自愿、平等、互利"的原则，不以盈利为目的，具有企业法人资格，从事生产、供销等服务，是一种农民自主建立的联合组织。

日本农协的发展过程主要经历了以下几阶段。[①]

1. 初期发展时期

1900年，日本通过了《产业组合法》，这部法律法规的实行便给农协的发展提供了法律基础和法律指引。此后，农协开始缓慢发展起来。"二战"时期，日本处于经济萧条、粮食匮乏时期，日本农协的发展举步维艰，遭到了很严重的破坏。当时，日本被美国占领，所以日本农协的发展受到了美国式民主的影响。另外，日本政府为了保证国家的稳定，保证粮食的正常生产和供应，所以日本政府在1945年和1946年分别进行了两次重要的土地改革，即政府以低廉的价格向地主购买土地，然后再分给佃农，以便实现"耕者有其田"，而这一行为也废除了日本的封建土地制度。另外，这两次土地改革，也凸显出了日本政府对农业经济、粮食的管理机制。在当时，可以说政府的粮食管理制度是农协得以发展的主要依靠。

在当时，日本处于资金匮乏期，而农业又是个利润低的部门，所以为了缓

---

① 阮蔚《海外合作事业案例：日本农协的发展及其面临的挑战》，《乌有之乡》，2011.06.15

解危机,日本政府将相对分散的农业方面的资金统一集中起来大力推进粮食和农产品的生产,以保证农业方面的资金能够尽可能地停留在农业系统内的循环中,进而保证农业生产的利润能够真正为农民所拥有。为此,日本还专门成立了能够将农业内有利润的业务和没有利润的业务统一在一起的综合农协。这里所说的有利润的业务主要是指生命财产保险、金融、生产资料购销等,没有利润的业务主要是指农业技术推广、农业生产指导、病虫害防治及农产品销售等。

由此看来,日本综合农协的出现在很大程度上是出于政府提高粮食的生产量和提高农民的收入的目的,所以,综合农协的出现从一开始就打上了非常浓厚的行政色彩。具体说来,日本综合农协的本质就是日本政府粮食统购制度的实施者,其主要负责协助政府将生产的粮食全部收购上来,而政府则相对应地给予农协减免税收等优惠政策。所以说,"二战"后日本农协的发展与日本政府的扶植密不可分。

2. 经济高速增长时期

1947 年 11 月,日本政府颁布了《农业协同组合法》,其以互助精神为宗旨,以保护和提高广大农民的生产经营和生活为目的,在全国范围内建立了基层农协、县级联合会和中央联合会。此后,1956 年,日本政府又制定了《农业整备措施法》,进一步从法律的角度加强了政府对农协的保护,使得各个级别的农协都能够得以稳定的发展。1961 年,日本政府又实施了《农业基本法》和《农协合并助成法》,这两个法规确定了农协在日本农村经济中的领导地位,大大促进了日本农协的发展。也就是 20 世纪 60 年代,日本农协的发展进入高速发展时期,农产品价格不断上升,农田基本建设、农村基础设施等不断投入,农民收入也随之得以提高。

20 世纪 70 年代时期,农协又从组织机构、业务范围等方面采取了相应的措施以顺应日本的国内形势。1972 年,日本成立了全国农业协同组合联合会,该联合会是由全国购买农协联合会和全国贩卖农协联合会合并的。此外,日本的一些基层农协也开始走向合并,并渐渐设立了信用业务、保险业务等,使得农协的发展更能够适应农业的整体发展趋势。20 世纪 80 年代之后,日本经济飞速发展,出现了许多兼业农业。为了提高农协的经济效益,不少地方的基层农协开始走向进一步合并,不断扩大其经营规模。在 1985 年之后,日元处于升值时期,使得日本农业面临着很大的危机。在这一阶段,日本农协再次借助政治力量获得了一些优惠政策,进而使得农民的收入能够始终保持在较高的水平之上,从而极大地保证了社会的稳定。

20世纪90年代之后,日本农协又将原先的三级组织改为二级,将都道府县联合会并到中央,并将基层农协进行合并,提高了农协的规模与实力。总体来说,日本农协的这次改革使得基层农协更具独立性和自主性。

总体来说,不管是在日本资金严重短缺的时期还是在日本经济高速发展时期,农协都能够切实地保护农民的利益、促进农民的收入保持持续稳步提高等。到目前为止,日本农协仍在日本农业和农村中占有非常重要的地位,毕竟农协能够为农民提供全方位的社会服务,能够给农民带来切身的利益。

在日本,农协究竟有哪些职能?作为政府与农民之间的桥梁,农协不仅可以将国家相关的农村发展政策等传达给农民,而且还能够将政府对农业生产提供的生产技术、低息贷款等工作落到实处。除此之外,其还有着以下几项功能。首先,农协需要为农民采购相关的农业生产资料,需要为农民提供市场信息,需要帮助农民加工、储藏、销售农产品,需要为农民提供优惠的贷款信用服务以及保险服务等。其次,农协还向农民出租大型的农机设备,为农民提供优良的种苗等,为农民引进并介绍先进的科学技术,为农民进行相关的技术、经营服务等。再次,农协设立的医疗卫生服务部门,还需要为农民提供相应的医疗服务等,解决农民的日常生活难题。

农协几乎吸纳了日本99%以上的农户,几乎日本的每个村都有农协的基层组织。农协的基层组织是以市、町、村行政区域为单位组织的,又称单位农协。如果按照业务对象、经营范围的不同来划分的话,单位农协可以分为以下三种类型:

(1)专门农协。

专门农协的业务内容只限于经营某一特定的农业项目,如开垦、养鸡、养猪、园艺、运输等,并且只经营采购和销售项目,不涉及信用事业。

(2)一般农协。

一般农协的业务内容虽然并不局限于某一特定的农业项目,并且也负责采购、销售等业务,但是也不涉及信用事业的经营。

(3)综合农协。

综合农协的业务内容包括所有的农业部门,不仅经营采购、销售、信用、保险、农村工业、农产品加工等内容,而且还涉及医疗卫生和文化事业等内容。

| 小贴士 | **日本农协对我国的发展有哪些启示？** [①] |

（1）发展农民专业合作社要因地制宜，符合当地的实际情况。

纵观日本农协的历史发展，再结合我国的实际国情，需注意农民专业合作社的设立应该谨慎实施，不能盲目跟风。在我国，有些地区或许就不具备建设农民专业合作社的条件，比如生产力发展水平低下，维持"靠天吃饭"的经营模式，且当地的农民多依靠外出打工挣钱的地区很难发展农民专业合作社或不需要发展农民专业合作社。一方面是因为该地生产资料匮乏，另一方面是长期留在当地的农户人数不是很多，所以开展农民专业合作社并不能达到普遍的效果。当然，并不是所有相对贫穷的地区都不适合开展农民专业合作社。如果某地区的农户多是自给自足，而且他们生产的剩余农产品多是自行销售的话，那么该地就可能具备建立农民专业合作社的条件。只要对其农民多进行思想交流，帮助他们了解农民专业合作社的性质，就能够帮助他们建立合作社，进而促进当地农业的发展。

（2）要循序渐进，走专业合作社到综合服务合作社的路子。

参考日本农协的发展历程，我们便能发现，日本农协的经营内容在早期也仅仅是单一的农业生产服务等，之后渐渐增加了信用、保险等业务，即走向了综合服务的路子。这样的发展趋势，对于我国的农民专业合作社来说，也是适用的。就我国目前的农业发展趋势来讲，农民专业合作社的规模会日渐扩大，即便现在仍处于专业合作社的状态，但在不久的未来都会向综合服务的方向迈进。

（3）大力宣传农民专业合作社的相关知识，让合作思想渗透人心。

我国在2006年就制定了《农民专业合作社法》，之后又陆续出台了一些相关的法律法规，但是有关农民专业合作社的政策宣传并不到位，以至于一些地区的农民仍旧不了解农民专业合作社的性质等。可见，我国仍需要加强对农民专业合作社的宣传普及工作，以多样的宣传形式实实在在地宣传农民专业合作社的原则、职能等知识，让农民们都能对其有所认识。另外，对于已经成立的农民专业合作社来说，合作社管理人员也应该定期开展学习培训班，提升自己对合作社的认识水平与管理经验，此外，还需要定期举办讲座、或者利用新媒体技术向全体社员宣传合作社及合作社法，提升全体社员的整体素质。

[①] 于秋芳《现代日本农协的发展变迁研究》，安徽师范大学出版社，2012年版。

第十二部分 《农民专业合作社法》20 问[①]

一、农民专业合作社章程的主要内容是什么？

《农民专业合作社法》第十二条明文规定了农民专业合作社章程应当载明的事项,具有包括:

(1)名称和住所。任何一个农民专业合作社都必须为自己的合作社拟名称,并且只能拟定一个。该农民专业合作社的名称不仅应该能体现出本合作社的经营内容和特点,而且还应该符合《农民专业合作社法》及相关法律和行政法规的规定。除了名称之外,住所也是农民专业合作社注册登记的事项之一。如果在之后的运营中,农民专业合作社需要变更住所,必须向相关部门提出申请并办理变更登记。因为经登记机关登记的农民专业合作社的住所只能有一个。另外,农民专业合作社的住所必须在登记机关管辖的区域内,其住所地的确定,需要由农民专业合作社的全体成员通过章程自行决定。如果从农民专业合作社的组织特征、服务内容出发的话,农民专业合作社的住所既可以是专门的场所,也可以是某个入社成员的家庭住址。

(2)业务范围。在农民专业合作社章程中,应当明确写明农民专业合作社经营的产品或者提供的服务内容。这也是工商机关在进行登记时确定其经营范围的依据。

(3)成员资格及入社、退社和除名。凡是有民事行为能力的公民,以及从

[①] http://www.xjbzny.gov.cn/html/zcfg/2009-5/27/19_17_59_287.html 巴音郭楞蒙古自治州新农村经济信息网

事与农民专业合作社业务直接相关的生产经营活动的企业、事业单位或社会团体，并且能够利用农民专业合作社提供的服务，承认并遵守农民专业合作社章程，履行章程规定的入社手续的，都可以成为农民专业合作社的成员。农民专业合作社章程应该根据本社的实际情况，在符合法律规定的前提下，对本社成员的资格、入社、退社和除名作出更为具体、明确的规定。

（4）成员的权利和义务。农民专业合作社章程应该参照《农民专业合作社法》第十六条和第十八条规定的农民专业合作社成员的权利和义务，并根据本社的实际情况，制定更具体的社员权利和义务。

（5）组织机构及其产生办法、职权、任期、议事规则。农民专业合作社章程可以决定是否设立理事会和是否设立执行监事或监事会等，另外理事长或理事会、执行监事或监事会的职权，以及他们的任期、议事规则也由章程规定。如果农民专业合作社设立成员代表大会的话，成员代表的产生办法和任期、代表比例、代表大会的职权、会议的召集等信息也需要由章程具体规定。

（6）成员的出资方式、出资额。农民专业合作社成员的具体出资方式、出资期限和出资额都由章程决定。《农民专业合作社法》并没有设置农民专业合作社的法定最低出资额，但是，当期农民专业合作社的出资总额需要记载在章程内。

（7）财务管理和盈余分配、亏损处理。农民专业合作社章程应当对本社的财务管理制度和盈余分配、亏损处理等作出相关的规定。关于农民专业合作社的财务会计制度，国务院财政部门有专门的制度，合作社在制定时应予以参照。

（8）章程修改程序。农民专业合作社章程修改的具体程序，必须在章程中明确做出规定。农民专业合作社章程需要修改时必须要经过成员大会讨论，而且同意修改的成员表决数必须占全体成员的三分之二以上才有效。另外，章程还可以对修改章程的表决权数做出更高的规定。

（9）解散事由和清算办法。农民专业合作社章程应该对解散的事由加以规定，并依据《农民专业合作社》第六章的相关规定，对清算办法也作出相应的规定。当法定事由出现或者法定及约定的条件成就，或约定存在期间届满或者约定的业务活动结束，农民专业合作社就应该解散。农民专业合作社解散时，应该对其财产及债权债务依法妥善处置。

（10）公告事项及发布方式。为保证农民专业合作社的成员及交易相对人和其他利害关系人能够及时了解合作社的生产经营以及其他重要情况，农民专业合作社章程应当根据本社的业务特点和成员、债权人分布等情况对有关的公告事项和方式作出相应的规定。

（11）需要规定的其他事项。农民专业合作社章程还可以根据本社的具体情况在上述事项以外作出其他事项的规定。

二、农民专业合作社如何办理合作社登记手续？

根据《农民专业合作社法》第十三条的规定，设立农民专业合作社，应当向工商行政管理部门提交相关文件，申请设立登记。

根据《农民专业合作社法》第十三条的规定，农民专业合作社的设立人在申请设立登记时，应当向登记机关提交的文件有：① 登记申请书；② 全体设立人签名、盖章的设立大会纪要；③ 全体设立人签名、盖章的章程；④ 法定代表人、理事的任职文件及身份证明；⑤ 出资成员签名、盖章的出资清单；⑥ 住所使用证明；⑦ 法律、行政法规规定的其他文件。需要注意的是，农民专业合作社向登记机关提交的出资清单，只需要有出资成员的签名和盖章即可，无需其他机构的验资证明。

申请登记的文件是农民专业合作社显示其组织合法性的证明，也是其成员资格和权利有效存在的重要证明。《农民专业合作社法》第五十五条明文规定，农民专业合作社向登记机关提供虚假登记材料或者采取其他欺诈手段取得登记的，由登记机关责令改正，若情节严重的，予以撤销登记的处分。

农民专业合作社的登记程序包括申请、审查、核准发照以及公告等几个环节。《农民专业合作社法》第十三条规定，农民专业合作社的登记办法由国务院规定，并明确办理登记不得收取费用。农民专业合作社的登记办法在 2007 年 7 月 1 日与《农民专业合作社法》同步实施。

为了保证登记事项的及时有效性，维护农民专业合作社及其交易相对人的合法权益，稳定社会交易环境，《农民专业合作社法》明确规定：农民专业合作社法定登记事项变更的，应当申请变更登记。所谓法定登记事项变更，主要是指：经成员大会法定人数表决修改章程的；成员及成员出资情况发生变动的；法定代表人、理事变更的；农民专业合作社的住所地变更的；以及法律法规规定的其他情况发生变化的。这些登记事项对农民专业合作社的存在和经营有很大的影响，能够直接影响合作社交易活动的正常开展和交易相对方的合法权益。如果农民专业合作社没有按照有关登记办法和规定进行变更登记的，则须承担相应的法律后果。除了法定变更事项之外，农民专业合作社还可以根据自身的发展需要和情形对相关登记事项进行变更，以确保自身的正常发展和维护交易相对人的知情权。

《农民专业合作社法》对登记机关受理登记后的时间作出了明确的限制，登记机关应当自受理登记申请之日起20日内办理完毕。这里所说的登记申请，包括设立登记、变更登记和注销登记等。

三、什么是农民专业合作社的成员大会？它有哪些职权？

农民专业合作社协会成立大会暨第一次会员代表大会

农民专业合作社的成员大会是由农民专业合作社的全体成员组成的，是农民专业合作社的权力机构，负责对合作社的重大事项作出决议，集体行使权力。成员大会是以会议的形式行使权力的，并不采取常设机构或日常办公方式。合作社成员参加成员大会是法律赋予所有成员的权利，也是合作社"成员地位平等，实行民主管理"原则的重要体现，所有成员都可以通过成员大会参与合作社事务的决策和管理。

据《农民专业合作社法》第二十二条规定，成员大会行使下列职权：

（1）修改章程。合作社章程的修改，需要由本社成员表决权总数的三分之二以上成员通过。

（2）选举和罢免理事长、理事、执行监事或者监事会成员。理事会（理事长）、监事会（执行监事）分别是合作社的执行机关和监督机关，其任免权应当由成员大会行使。

（3）决定重大财产处置、对外投资、对外担保和生产经营中的其他重大事项。上述重大事项是否可行、是否符合合作社和大多数成员的利益决定。

（4）批准年度业务报告、盈余分配方案、亏损处理方案。年度业务报告是对合作社年度生产经营情况进行的总结，对年度业务报告的审批结果体现了对理事会（理事长）、监事会（执行监事）一年工作的评价。盈余分配和亏损处理方案关系到所有成员获得的收益和承担的责任，成员大会有权对其进行审批。经过审批，成员大会认为方案符合要求的则可予以批准，反之则不予批准。不予批准的,可以责成理事长或者理事会重新拟定有关方案。

(5)对合并、分立、解散、清算作出决议。合作社的合并、分立、解散关系合作社的存续状态,与每个成员的切身利益相关。因此,这些决议至少应当由本社成员表决权总数的三分之二以上通过。

(6)决定聘用经营管理人员和专业技术人员的数量、资格和任期。农民专业合作社是由全体成员共同管理的组织,成员大会有权决定合作社聘用管理人员和技术人员的相关事项。

(7)听取理事长或者理事会关于成员变动情况的报告。成员变动情况关系到合作社的规模、资产和成员获得收益和分担亏损等诸多因素,成员大会有必要及时了解成员增加或者减少的变动情况。

(8)章程规定的其他职权。除上述七项职权,章程对成员大会的职权还可以结合本社的实际情况作其他规定。

四、农民专业合作社在什么情况下可以成立成员代表大会?成员代表大会和成员大会是什么关系?

由于农民专业合作社的成员地域分布不集中,所以要求所有成员在统一的时间内集中召开成员大会并不很现实。为了保证农民专业合作社的成员能够依法有效地行使民主管理的权力,降低成员大会的召开成本,以及提高合作社的议事效率,《农民专业合作社法》第二十五条规定:成员超过150人的农民专业合作社可以设立成员代表大会。成员总数达到这一规模的合作社可以根据其自身发展的实际情况决定是否设立成员代表大会,对此,《农民专业合作社法》并不作强制性规定。需要设立成员代表大会的农民专业合作社,应当在其章程中载明相关事项并严格按照章程的规定设立成员代表大会。

成员大会是法定的农民专业合作社的权力机构,而成员代表大会并不是法定的农民专业合作社的必设机构。二者行使的职权也不尽相同,成员大会行使法律赋予的七项职权及章程规定的其他职权,而成员代表大会只能是按照章程的规定行使成员大会的部分职权或全部职权。

五、农民专业合作社成员有哪些权利?

据《农民专业合作社法》第十六条规定,农民专业合作社的成员享有以下权利。

1. 参加成员大会,并享有表决权、选举权和被选举权,按照章程规定对本社实行民主管理

（1）参加成员大会。成员大会是农民专业合作社的权力机构,由全体成员组成。参加成员大会是农民专业合作社成员的一项基本权利,任何人不得限制或剥夺。

（2）行使表决权,实行民主管理。农民专业合作社是全体成员的合作社,是全体成员行使权利的机构。任何一名合作社成员都有权利出席成员大会,行使其表决权,并参加对农民专业合作社的重大事项的商讨决议。

（3）享有选举权和被选举权。所有农民专业合作社的成员都有权选举理事长、理事、执行监事或者监事会成员,也都有资格被选举为理事长、理事、执行监事或者监事会成员,但是法律另有规定的除外。在设有成员代表大会的农民专业合作社中,成员还有选举成员代表的权利,并且也享有成为成员代表的被选举权。

2. 利用本社提供的服务和生产经营设施

农民专业合作社以服务成员为宗旨,谋求全体成员的共同利益。所以,作为农民专业合作社的成员,有权利用本社提供的相关服务和本社置备的各种生产经营设施。

3. 按照章程规定或者成员大会决议分享盈余

农民专业合作社获得的盈余主要依赖于成员产品的集合和成员对合作社的利用,所以其本质是属于全体成员的。从一定程度上讲,成员的参与热情和参与效果直接决定了农民专业合作社的盈余情况。因此,法律对成员参与盈余分配的权利予以保护。

4. 查阅本社的章程、成员名册、成员大会或者成员代表大会记录、理事会会议决议、监事会会议决议、财务会计报告和会计账簿

成员是农民专业合作社的所有者,所以应该对农民专业合作社的事务享有一定的知情权。合作社成员有权查阅合作社的相关资料,尤其是涉及该合作社的经营状况和财务状况的资料。

5. 章程规定的其他权利

农民专业合作社章程在与《农民专业合作社法》不抵触的情况下,可以结合本合作社的实际情况而规定合作社成员可以享有的其他权利。

六、农民专业合作社成员要承担什么义务?

在农民专业合作社,成员可以享有一定的权利,但是也应该承担相应的义

务。因为农民专业合作社在生产经营时,为保证全体成员的共同利益能够得以实现,也需要全体成员共同履行相应的义务。根据《农民专业合作社法》第十八条的规定,农民专业合作社的成员应当履行以下义务。

1. 执行成员大会、成员代表大会和理事会的决议

农民专业合作社成员大会和成员代表大会的决议,能够体现全体成员的共同意志,所以所有合作社成员都应该严格遵守并执行。

2. 按照章程规定向本社出资

明确成员的出资通常具有两方面的意义:一是成员的出资可作为农民专业合作社从事经营活动的主要资金来源,二是成员的出资可作为农民专业合作社对外承担债务责任的信用担保基础。但是,合作社成员在加入农民专业合作社时是否应该出资或者其出资的方式、出资额、出资期限等都应该由所处的合作社通过章程自行决定。原因有以下三点:首先,由于农民专业合作社类型多样,经营内容和经营规模均有很大的差异,所以很难用统一的法定标准来约束其从事经营活动的资金需求。其次,由于合作社的交易对象相对稳定,所以交易相对人对交易安全的信任主要取决于合作社所提供的农产品,而不仅仅取决于其成员出资所形成的合作社资本。再次,由于当前我国各地经济发展不平衡,各地区农民专业合作社还存在出资成员与非出资成员并存的实际情况,所以要求农民在加入农民专业合作社时必须要出资或者必须要出法定数额的资金不符合我国目前的发展现实。

3. 按照章程规定与本社进行交易

按照《农民专业合作社法》第三十六条的规定,合作社农民之所以要加入农民专业合作社,在很大程度上是想借助合作社所提供的服务来解决其在独立生产经营中遇到的无力解决、解决不好、或个人解决不合算的问题。合作社成员与合作社的交易,既可以是交售农产品,也可以是购买生产资料,还可以是有偿利用合作社提供的技术、信息、运输等服务。

4. 按照章程规定承担亏损

农民专业合作社有盈余时,合作社成员有分享其盈余的权利。但是,农民专业合作社的生产经营也可能受市场风险和自然风险的影响而受到波动,在某些年度出现亏损现象。对此,承担亏损是合作社成员的法定义务。

5. 章程规定的其他义务。

农民专业合作社成员除了应当履行上述法定义务之外,还应当履行所处合作社章程自行规定的其他义务。

七、农民专业合作社有虚假登记、提供虚假材料等欺诈行为的,如何处理?

《农民专业合作社法》第五十四条规定:农民专业合作社向登记机关提供虚假登记材料或者采取其他欺诈手段取得登记的,由登记机关责令改正;情节严重的,撤销登记。《农民专业合作社法》第五十五条规定:农民专业合作社在依法向有关主管部门提供的财务报告等材料中,作虚假记载或者隐瞒重要事实的,依法追究法律责任。这两条规定的区别在于,前一种是为了向登记机关骗取登记,后一种是在向有关主管部门的报告中作虚假记载或者隐瞒重要事实。对此,《农民专业合作社法》对这两种欺诈行为分别设定了不同的法律责任:

(1)对农民专业合作社向登记机关提供虚假登记材料或者采取其他欺诈手段取得登记的行为,由登记机关责令改正,合作社如果改正其违法行为就不再受处罚了;实施以上行为情节严重的,由登记机关撤销登记。

(2)对农民专业合作社在依法向有关主管部门提供的财务报告等材料中,作虚假记载或者隐瞒重要事实的行为,依照相关法律追究民事、行政和刑事责任。

八、农民专业合作社的理事长、理事和管理人员利用职务便利损害合作社利益,怎么处理?

《农民专业合作社法》第二十九条规定,农民专业合作社的理事长、理事和管理人员不得有下列损害合作社利益的行为:

(1)侵占、挪用或者私分本社资产。

理事长、理事和管理人员利用自己分管、负责或者办理某项业务的权利或职权便利,私自侵占、挪作或私分合作社的资产他用会造成合作社资产流失或影响合作社正常经营。

(2)违反章程规定或者未经成员大会同意,将本社资金借贷给他人或者以本社资产为他人提供担保。

这种个人行为的出现往往会给农民专业合作社的生产和经营带来很大的风险,所以法律严禁此种行为的出现。

(3)接受他人与本社交易的佣金归为己有。

理事长、理事和管理人员代表农民专业合作社出售本社的农产品或购买生产资料时,不得私自接受他人支付的折扣、中介费用等佣金。

(4)从事损害本社经济利益的其他活动。

农民专业合作社的理事长、理事和管理人员享有法律和合作社章程授予的参与管理合作社事务的职权,但与此同时也应该对农民专业合作社履行义务,维护合作社的利益,不得损害本合作社的经济利益。

据《农民专业合作社法》规定,理事长、理事和管理人员违反了上述四项禁止性规定,并所得了相应的非法收入应当将其收入还于合作社;若给合作社造成损失的,理事长、理事和管理人员应当承担相应的赔偿;如情节严重并构成犯罪的,理事长、理事和管理人员应当被依法追究刑事责任。

九、为什么具有管理公共事务职能单位不得加入农民专业合作社?公务员是否可以在农民专业合作社内担任职务?

《农民专业合作社法》第十四条明确规定,具有管理公共事务职能的单位不得加入农民专业合作社。

具有管理公共事务职能的单位,不仅包括各级政府及其有关部门等行政机关,而且还包括根据法律、法规授权具有管理公共事务职能的其他组织,即国家机关以外的组织。法律法规授权具有管理公共事务职能的组织类型很多,如经授权的事业单位、企业单位以及社会团体等。

《农民专业合作社法》之所以要排除这些具有管理公共事务职能的单位成为农民专业合作社成员的可能性,是因为这些单位是面向社会提供公共服务的,其在加入农民专业合作社之后能够始终保持中立性会直接影响公共管理和公共服务的公平性。

《农民专业合作社法》第三十一条规定,执行与农民专业合作社业务有关公务的人员,不得担任农民专业合作社的理事长、理事、监事、经理或者财务会计人员。

这里所说的"有关公务的人员",包括国家公务员和各级政府为农业服务的相关机构中执行相应公务的人员。《农民专业合作社》的如此规定,不仅符合"政企分开、政社分开"的原则,而且也符合《公务员法》等法律和国家的相关规定,有利于政府部门对农民专业合作社的指导、扶持、服务的落实,避免滋生腐败。

十、农民专业合作社的具体生产经营活动由谁负责?

《农民专业合作社法》第二十八条规定,农民专业合作社的理事长或者理事会可以按照成员大会的决定聘任经理。经理应当按照章程规定和理事长或者理事会授权,负责农民专业合作社的具体生产经营活动。由此看来,经理是农民专业合作社的雇员,在理事会(理事长)的领导下工作,对理事会(理事长)负责。经理由理事会(理事长)决定聘任,也由其决定解聘。

《农民专业合作社法》第二十八条还规定,农民专业合作社的理事长或者理事可以兼任经理。理事长或者理事兼任经理的,也应当按照章程规定和理事长或者理事会授权履行经理的职责,负责农民专业合作社的具体生产经营活动。

总之,农民专业合作社是否需要聘任经理,视合作社自身的具体情况而定。经理不是农民专业合作社的法定机构,农民专业合作社既可以聘任经理,也可以不聘任经理。另外,经理既可以由本社成员担任,也可以从外面聘请。聘任经理或者由理事长、理事兼任经理的,由经理按照农民专业合作社章程的规定和理事长或者理事会授权,负责农民专业合作社的具体生产经营活动;否则,则由理事长或者理事会直接管理农民专业合作社的具体生产经营活动。

十一、什么是农民专业合作社的成员账户?成员账户的作用是什么?

根据《农民专业合作社法》第三十六条的规定,农民专业合作社的成员账户主要包括三项内容:一是记录成员的出资情况,二是记录成员与合作社的交易情况,三是记录成员的公积金变化情况。这些有关成员记录的会计资料是确定该成员参与农民专业合作社盈余分配和财产分配的重要依据。

(1)通过成员账户,可以核算其与农民专业合作社的交易量,为其参与盈余分配提供切实依据。《农民专业合作社法》第十六条规定,合作社成员享有按照章程规定或者成员大会决议分享盈余的权利。第三十七条规定,合作社的可分配盈余应当按成员与本社的交易量(额)比例返还,返还总额不得低于可分配盈余的百分之六十。

(2)通过成员账户,可以核算其出资额和公积金变化情况,为成员承担责任提供依据。根据《农民专业合作社法》第五条的规定,农民专业合作社成员以其账户内记载的出资额和公积金份额为限对农民专业合作社承担责任。所以,在农民专业合作社因各种原因解散清算时,合作社成员该为合作社分担多少债务,也依据其成员账户的记载情况而确定。

(3)通过成员账户,可以为附加表决权的确定提供依据。根据《农民专业合作社法》第十七条的规定,出资额或者与本社交易量(额)较大的成员按照章程规定,可以享有附加表决权。对合作社成员的交易量和出资额进行核算,能够确定各成员在总交易额中的份额或者在出资总额中的份额,进而确定附加表决权的分配办法。

(4)通过成员账户,可以为处理成员退社时的财务问题提供依据。《农民专业合作社法》第二十一条规定,成员资格终止的,农民专业合作社应当按照章程规定的方式和期限,退还记载在该成员账户内的出资额和公积金份额;对成员资格终止前的可分配盈余,依照《农民专业合作社法》第三十七条第二款的规定向其返还。只有为成员设立单独的账户,才能在其退社时确定其应当获得的公积金份额和利润返还份额。

(5)除法律规定外,成员账户还便于成员与合作社之间的其他经济往来,比如成员向合作社借款等。

十二、农民专业合作社应如何向其成员报告财务情况?

每年向其合作社成员报告财务情况是农民专业合作社理事会的重要职责,也是合作社保护成员基本权利的重要做法。《农民专业合作社法》对农民专业合作社向成员公布财务情况的时间、地点和内容等都作出了具体规定。

(1)农民专业合作社成员享有了解合作社财务情况的权利。据《农民专业合作社法》第十六条规定,合作社成员享有"查阅本社的章程、成员名册、成员大会或者成员代表大会记录、理事会会议决议、监事会会议决议、财务会计报告和会计账簿"的权利。因为这些资料与合作社成员的切身利益有着直接的关联,就合作社的财务会计报告和会计账簿而言,它们是反映其业务经营情况的重要资料,包括成员与合作社的交易情况、合作社的收入和支出情况,以及合作社的盈余亏损情况、债权债务情况等内容。所以成员作为合作社的出资者和利用者有权查阅这些资料,进而了解合作社的财务情况,参与合作社的管理与决策,以便维护自身的合法权益。

(2)合作社理事长或理事会应当在成员大会召开之前向全体成员公布财务情况。《农民专业合作社法》第二十二条和第三十三条就农民专业合作社向成员公布财务情况的地点、时间和内容作出了具体规定:

合作社的理事会或理事长应当提前十五日公布有关报告。这主要是使成员有足够的时间充分了解合作社的财务情况,以便在成员大会上决定是否赞成这些报告,行使自己的权利。

财务报告应当置于合作社的办公地点,以便成员查阅。考虑到农民专业合作社的成员数量较多,向每位成员分送财务报告的成本太高。因此,本法规定合作社可以将报告置于办公地点供成员查阅。

财务报告应当包括年度业务报告、债权债务报告、盈余分配(或亏损处理)报告等。

十三、为什么农民专业合作社与其成员和非成员的交易要分别核算？如何实行分别核算？

（1）农民专业合作社的互助性经济组织属性便决定了农民专业合作社应该将其与成员和非成员的交易分别进行核算。与其他经济组织相比较，农民专业合作社最根本的特点就是以成员为主要服务对象。所以，如果农民专业合作社也主要为非成员服务，那么合作社也就与一般的公司制企业没什么差别了，合作社也就失去其作为一种独立经济组织形式存在的必要了。

在农民专业合作社的经营过程中，合作社成员享受其服务的主要表现形式就是与合作社进行交易。这种所说的交易，既可以是通过合作社共同购买生产资料、销售农产品，也可以是使用合作社的农业机械、享受合作社的技术、信息等方面的服务。因此，将农民专业合作社与其成员的交易，和其与非成员的交易分开核算，就可以使合作社成员及有关部门很清晰地了解到农民专业合作社为其成员所提供的服务情况。

（2）将农民专业合作社与其成员和非成员的交易分别核算，也是为了满足向合作社成员返还盈余的需要。《农民专业合作社法》第三十七条规定，农民专业合作社的可分配盈余应当按照其成员与本社交易量（额）的比例进行返还，其返还总额不得低于可分配盈余的百分之六十。返还的依据是成员与合作社的交易量（额）比例，在确定比例时，首先要确定所有成员与合作社交易量（额）的总数，以及每个成员与合作社的交易量（额），然后才能计算出每个成员所占的比例。因此，只有将农民专业合作社与去成员和非成员的交易分别进行核算才能为按交易量（额）向合作社成员返还盈余提供合理的依据。

（3）将农民专业合作社与其成员和非成员的交易分别核算，也是合作社为成员提供优惠服务的需要。由于农民专业合作社是成员之间的互助性经济组织，因此作为成员在与合作社交易时的价格、交易方式往往与非成员不同，所以，将这两类交易分别予以核算能够维护农民专业合作社的正常经营。

（4）为方便农民专业合作社分别核算其与成员和非成员之间的交易，《农民专业合作社法》规定了成员账户这种核算方式。所谓成员账户，是指农民专业合作社用来记录成员与合作社的交易情况，以确定其在合作社财产中所拥有份额的会计账户。农民专业合作社为每个成员设立单独账户进行核算，就可以很清晰地反映出其与成员的交易情况。农民专业合作社与非成员的交易，则通过另外的账户进行核算。

十四、为什么农民专业合作社的公积金要量化为每个成员的份额？如何量化？

《农民专业合作社法》第三十五条第二款规定,合作社每年提取的公积金,应按照章程规定量化为每个成员的份额。由于农民专业合作社的公积金,来源于其成员对合作社的利用,所以其在本质上就是属于合作社成员集体所有的。为了保护合作社成员的合法权益,明晰合作社与成员之间的财产关系,《农民专业合作社法》规定公积金必须量化为每个成员的份额。

一般来说,为了鼓励合作社成员更充分地利用农民专业合作社,农民专业合作社的公积金的量化标准应该由当年该成员与合作社的交易量(额)来决定。当然,各个农民专业合作社也可以根据其自身的情况,根据其他标准来进行公积金的量化,或者是以成员出资为标准,或者是将成员出资和交易量(额)二者综合考量。由于成员与合作社的交易量、出资比例每年都会发生一定的变化,自然,合作社每年的盈余分配比例也会有所变化,所以合作社应当每年都对公积金进行量化。尤其应该注意的是,合作社每年公积金的量化情况都应当记载在其成员账户中。

案例 农民专业合作社以交易量(额)为标准来量化公积金

假设有张、王、李、赵、陈五人在组建农民专业合作社时分别出资 20 000 元,那么在合作社组建时,五人对合作社财产的占有比例都是 20%。假设当年五位成员分别通过合作社销售农产品 400 千克、300 千克、200 千克、50 千克和 50 千克,合作社对外的销售价格是 12 元 / 千克,为扣除运输、贮藏等环节产生的费用,合作社以 10 元 / 千克的价格向成员收购,即每千克合作社留下了 2 元钱。由此一来,合作社就因为帮成员们共同销售 1 000 千克的农产品而获得 2 000 元的购销差价。在年终核算时,如果产生了 1 000 元的盈余,那么在分配时,那位与合作社交易量大的成员的优势就应该相应地体现出来。即老张应该获得的分配比例是 40%,即便只从中提取 100 元的公积金,老张也应该占有 40% 的份额。

十五、农民专业合作社提取的公积金应当用于哪些方面？

公积金是农民专业合作社为了巩固自身的财产基础,提高本组织的对外信用和预防意外亏损,依照法律和章程的规定,从利润中积存的资金。根据《农民专业合作社法》第三十五条的规定,农民专业合作社可以按照章程规定或者成员大会决议从当年盈余中提取公积金。公积金用于弥补亏损、扩大生产经营或者转为成员出资。

（1）农民专业合作社是否提取公积金，由其章程或成员大会决定，并不作强制性规定。由于不同种类的农民专业合作社对资金的需求情况不同，而且它们的盈利状况也不一样，所以不能强求每个农民专业合作社都提取公积金。

（2）公积金是从农民专业合作社当年的盈余中提取的，其比例由章程或者农民专业合作社成员大会决定。也就是说，只有农民专业合作社有了盈余之后才可以提取公积金。

（3）公积金主要有三种用途：一是弥补亏损。由于农民专业合作社在经营过程中会受到市场风险和自然风险的影响，所以其经营也会出现一些波动，在某些年度甚至会出现亏损，严重影响其正常经营和运转。因此，未雨绸缪，合作社在其经营状况良好的年份应该在盈余中提取一定的公积金作为备用，以弥补合作社以往或可能出现的亏损，以便农民专业合作社能够正常、健康地经营发展下去。二是扩大生产经营。为了给合作社成员提供更多更好的服务，农民专业合作社需要不断扩大其生产经营规模，如购买更多的农业机械、加工设备，建设贮藏农产品的设施、购买运输车辆等，而这些都是建立在农民专业合作社雄厚的资金实力之上的。一般来说，当合作社在没有成员增加新投资的情况下，可以在当年盈余中提取一定的公积金用于扩大合作社的生产经营。三是转为成员出资。在合作社有盈余时，农民专业合作社可以提取一定的公积金并将这些成员所占份额转为成员出资。

十六、什么是农民专业合作社的分配盈余？应当如何分配盈余？

《农民专业合作社法》第三十七条明确规定了可分配盈余的计算方法和分配办法。

（1）所谓农民专业合作社的分配盈余，是指合作社在弥补亏损、提取公积金后，剩余的那部分可供当年分配的盈余。举个例说明：假设一家农产品销售合作社，将成员的农产品（假设共3 000千克）按11元／千克卖给市场，为扣除在销售农产品的过程中所需的运输和人工等费用，合作社按10元／斤的价格付钱给农民，同时将那每千克1元的钱留在合作社，即3 000元钱。假设年终经过核算所有费用合计为2 000元，那么合作性便产生了1 000元的剩余（3 000元－2 000元）但是，如果这个合作社在上一年有200元的亏损，那么合作社在分配之前就应该先扣除200元以弥补亏损。此后，如果合作社章程或成员大会又规定需要提取200元作为公积金，那么当年合作社的可分配盈余就只有 600 元(1 000 元 −200 元 −200 元)了。

(2)可分配盈余的分配,主要是根据交易量(额)的比例进行返还的。民专业合作社的成员利用合作社的服务是合作社生存和发展的基础,否则农民专业合作社就无法正常运转了,也就没有存在的必要了。另外,合作社成员与合作社的交易量也是合作社产生盈余的重要来源,所以,国家为保护成员的合法利益,在《农民专业合作社法》中规定,按交易量(额)比例返还的盈余不得低于可分配盈余的百分之六十。

(3)按交易量(额)的比例返还是盈余返还的主要方式,但不是唯一途径。根据《农民专业合作社法》第三十七条第二款的规定,合作社可以根据自身情况,按照成员账户中记载的出资和公积金份额,以及本社接受国家财政直接补助和他人捐赠形成的财产平均量化到成员的份额,按比例分配部分利润。国家之所以会这样规定,是因为对于那些资金相对比较缺乏的农民专业合作社来说,鼓励成员出资会对合作社的运作和发展产生积极影响。对于这些农民专业合作社来说,适当地按照成员出资进行盈余分配,就能够使那些出资较多的成员获得较多的盈余,从而也能够使合作社实现鼓励成员出资,壮大合作社资金实力的目的。此外,成员账户中所记载的公积金份额、本合作社接受国家财政直接补助和他人捐赠形成的财产平均量化到成员的份额,也都应该作为盈余分配给合作社成员,这是因为补助和捐赠的财产都是赠予合作社全体成员的,因此这些由这些财产所产生的盈余应当归全体成员平均拥有。

十七、农民专业合作社合并或者分立后,债权和债务如何处置?

所谓农民专业合作社合并,是指两个或者两个以上的农民专业合作社通过订立合并协议,合并为一个农民专业合作社的法律行为。所谓农民专业合作社分立,是指一个农民专业合作社分成两个或者两个以上的农民专业合作社的法律行为。

农民专业合作社在进行生产经营的过程中难免会对外产生债权和债务。当合作社完成合并之后,至少会有一个合作社须丧失法人资格,而存续或新设的合作社必须继承被合并的合作社在合并之前所产生的债权和债务。因此,合作社合并的法律后果之一就是必须无条件地接受因合并而被消灭的合作社的对外债权与债务。《农民专业合作社法》第三十九条规定,农民专业合作社合并,应当自合并决议作出之日起十日内通知新设的组织承继。

《农民专业合作社法》第四十条规定,农民专业合作社分立,其财产作相应的分割并应当自分立决议作出之日起十日内通知债权人组织承担连带责任。

根据《农民专业合作社法》规定,合作社分立前债务的承担有以下两种方式:一是按约定办理。债权人与分立的合作社就债权清偿问题达成书面协议的,按照协议办理。二是承担连带责任。合作社分立前未与债权人就清偿债务问题达成书面协议的,分立后的合作社承担连带责任。债权人可以向分立后的任何一方请求自己的债权,要求履行债务。被请求的一方不得以各种非法定的理由拒绝履行偿还义务。否则,债权人有权依照法定程序向人民法院起诉。

十八、农民专业合作社在哪些情况下解散?

所谓农民专业合作社解散,是指合作社因发生法律规定的解散事由而停止业务活动,最终使法人资格消灭的法律行为。根据《农民专业合作社法》第四十一条的规定,合作社有下列情形之一的,应当解散:

(1)章程规定的解散事由出现。一般来说,解散事由是合作社章程的必要记载事项,合作社的设立大会在制定合作社章程时,就可以预先约定好合作社的各种解散事由,如合作社的存续期间、完成特定业务活动等。如果在合作社经营过程中,出现了规定的解散事由,那么成员大会或者成员代表大会就可以依照决议解散合作社。如果此时还不想解散,那么也可以通过修改章程的办法使合作社继续存续,但是,这种情况应当办理变更登记。

(2)成员大会决议解散。根据《农民专业合作社法》的规定,成员大会是农民专业合作社的权力机构,有权对合作社的解散事项作出决议。《农民专业合作社法》第二十三条规定,农民专业合作社召开成员大会,作出解散的决议应当由本社成员表决权总数的三分之二以上通过。如果合作社章程对表决权数有较高规定的,则应该遵从合作社章程的规定。但是,成员大会决议解散合作社,并不受合作社章程规定的解散事由的约束,可以在合作社章程规定的解散事由出现之前就根据成员的意愿决议解散合作社。

(3)因合并或者分立需要解散。当合作社吸收合并时,如果吸收方存续,那么被吸收方就应该解散;当合作社新设合并时,合并各方均应该解散。当合作社分立时,如果原合作社存续,则不存在任何的解散问题;如果原合作社分立,且以后不再存在,那么原合作社就应该解散。另外,合作社的合并、分立都应该由成员大会作出决议。

(4)依法被吊销营业执照或者被撤销。依法被吊销营业执照是指依法剥夺被处罚的合作社已经取得的营业执照,使其丧失合作社经营的资格。依法被撤销是指由行政机关依法撤销农民专业合作社的登记。《农民专业合作社法》第五十四条规定,农民专业合作社向登记机关提供虚假登记材料或者采取其他欺诈手段取得登记的,由登记机关责令改正。情节严重的,撤销登记。当合作社违反法律、行政法规被吊销营业执照或者被撤销的,应当解散。

十九、农民专业合作社解散后如何进行清算?

农民专业合作社清算,指农民专业合作社在解散后,依照法定程序清理合作社的债权债务,处理合作社的剩余财产,使合作社归于消灭的法律行为。《民法通则》第四十条规定,法人终止,应当依法进行清算,停止清算范围外的活动。清算的目的主要是为了保护农民专业合作社成员和债权人的利益,除合作社合并和分立两种情形之外,合作社在解散之后都应当依法进行清算。

如果是因章程规定的解散事由出现、成员大会决议解散或者依法被吊销营业执照、被撤销等原因解散的合作社,应当在解散事由出现之日起十五日内由成员大会推举成员组成清算组,开始解散清算。逾期仍不能组成清算组的合作社,其成员和债权人有权向人民法院申请要求指定成员组成清算组进行清算。人民法院应当受理该申请,并及时指定成员组成清算组进行清算。在合作社清算期间,清算组是负责清算事务执行的法定机构。农民专业合作社一旦进入清算程序,其理事会、理事、经理就应该立即停止执行职务,转而由清算组行使管理合作社业务和财产的职权,对内执行清算业务,对外代表合作社。清算组自成立之日起便开始接管农民专业合作社,负责处理与清算未了结的业务,清理财产和债权、债务,分配清偿债务后的剩余财产,代表农民专业合作社参与诉讼、仲裁或者其他法律程序,并在清算结束时办理注销登记。清算组成员应当忠于职守,依法履行清算义务,若因故意或失误而给农民专业合作社成员及债权人造成损失的,应当承担赔偿责任。

农民专业合作社清算组具体的清算工作的程序是:

(1)通知、公告合作社成员和债权人。农民专业合作社在解散清算时,由清算组通知本社成员和债权人有关情况,通知公告债权人在法定期间内申报自己的债权。为了顺利完成债权登记、债务清偿和财产分配,避免和减少纠纷,《农民专业合作社法》对清算组通知、公告合作社成员和债权人的期限和方式作了限定:清算组应当自成立之日起十日内通知本社成员和明确知道的债权人;对于不明确的债权人或者不知道具体地址和其他联系方式的,由于难以通知其申报权,清算组应自成立之日起六十日内在报纸上公告,催促债权人申报债权。但如果在规定的期间内全部成员、债权人均已收到通知,则免除清算组的公告义务。债权人应在规定的期间内向清算组申报债权。具体来说,收到通知书的债权人应该在收到通知书之日起三十日之内向清算组申报债权;未收到通知书的债权人应该在公告之日起四十五日之内向清算组申报债权。债权人申报债权时,应该明确地提出其债权内容、数额、债权成立的时间、地点、有无担保等事项,并提供相关的证明材料。清算组对债权人提出的债权申报应当逐一查实,并作出准确翔实的登记。这里需要说明的一点是:如果清算组在此期间对已经明确的债权人进行了清偿,则有可能造成后申报债权的债权人不能得到清偿,这是对其他债权人权利的严重侵害。

（2）制订清算方案。清算方案是清算组制定的有关如何清偿债务和如何分配合作社剩余财产的一整套计划。清算组在清理合作社财产,编制资产负债表和财产清单后,应该尽快制定包括清偿农民专业合作社员工的工资及社会保险费用,清偿所欠税款和其他各项债务,以及分配剩余财产在内的清算方案。清算组在制定出清算方案后,还应该报农民专业合作社成员大会通过或者由人民法院确认。

（3）实施清算方案。清算方案一经农民专业合作社成员大会通过或由人民法院确认后便可实施。清算方案的实施必须是在支付清算费用、清偿员工工资及社会保险费用,清偿所欠税款和其他各项债务后,再按照财产分配的规定向成员分配剩余财产。如果发现农民专业合作社的财产不足以清偿债务的,清算组则应当停止清算工作,依法向人民法院申请破产。

（4）清算结束办理注销登记。这是清算组的最后一项工作,在办理完合作社的注销登记后,清算组的职权则得以终止,需即行解散。

二十、政府在农民专业合作社建设和发展中的责任是什么?

由于我国农民专业合作社还处于发展的初始阶段,所以还需要政府组织有关部门和单位为其建设和发展提供指导、扶持和服务。另外,鼓励和引导农民专业合作社健康发展也是各级政府的基本工作。各级人民政府都应当依照《农民专业合作社法》的规定,围绕农民专业合作社的建设和发展,组织农业行政主管部门和其他有关部门及有关组织,为农民专业合作社提供指导、扶持和服务,并做好督促和落实工作。

《农民专业合作社法》第九条规定,县级以上各级人民政府应当组织农业行政主管部门和其他有关部门及有关组织,依照本法规定,依据各自职责,对农民专业合作社的建设和发展给予指导、扶持和服务。这是《农民专业合作社法》第八条第一款规定,国家通过财政支持、税收优惠和金融、科技、人才的扶持以及产业政策引导等措施,促进农民专业合作社的发展。这些措施需要包括财政、税务、金融、科技、人事、工商、发展改革等在内的政府各有关职能部门,依照各自职责和《农民专业合作社法》规定予以进一步落实。同时,该条第二款还规定,国家鼓励和支持社会各方面力量为农民专业合作社提供服务,即包括供销社、科协、教学科研机构、基层农业技术推广单位、农业企业等在内的社会各方面力量,都有义务和责任为农民专业合作社提供政策、技术、信息、市场营销等方面的扶持和服务。

当农民专业合作社有困难、有问题需要政府解决时,各级政府农业行政主管部门就应该为农民群众提供相应的服务。但是必须强调的是,任何部门、组织和个人都不得假借指导、扶持和服务的名义,改变农民专业合作社"民办、民有、民管、民受益"的性质和特征干预农民专业合作社的内部事务。尤其是政府部门提供的指导、扶持和服务,必须始终坚持尊重农民的意愿和选择,采取农民群众欢迎的方式方法,因地制宜,分类指导,真正做到"引导不强迫、支持不包办、服务不干预"。一般来讲,政府各有关部门必要的、恰当的辅导和指导,可以有效地培养农民的合作意识,激发农民群众的合作热情,提升农民专业合作社的发展质量。所以,国家需要给予农民专业合作社更多必要的、适度的财政扶持和税收优惠等扶持政策,以便提高农民专业合作社在市场中的地位。此外,政府各有关部门还应当依照法律的规定,进一步整合各种支农资源,鼓励和支持那些符合条件的农民专业合作社参与申报和实施有关支农资金和支农项目,充分调动农民专业合作社在发展现代农业、建设社会主义新农村、构建农村和谐社会中的积极作用。

附录 I　中华人民共和国农民专业合作社法

（2006 年 10 月 31 日第十届全国人民代表大会常务委员会第二十四次会议通过）

目　录

第一章　总　则

第一条　为了支持、引导农民专业合作社的发展,规范农民专业合作社的组织和行为,保护农民专业合作社及其成员的合法权益,促进农业和农村经济的发展,制定本法。

第二条　农民专业合作社是在农村家庭承包经营基础上,同类农产品的生产经营者或者同类农业生产经营服务的提供者、利用者,自愿联合、民主管理的互助性经济组织。

农民专业合作社以其成员为主要服务对象,提供农业生产资料的购买,农产品的销售、加工、运输、贮藏以及与农业生产经营有关的技术、信息等服务。

第三条　农民专业合作社应当遵循下列原则：

（一）成员以农民为主体；

（二）以服务成员为宗旨，谋求全体成员的共同利益；

（三）入社自愿、退社自由；

（四）成员地位平等，实行民主管理；

（五）盈余主要按照成员与农民专业合作社的交易量（额）比例返还。

第四条　农民专业合作社依照本法登记，取得法人资格。

农民专业合作社对由成员出资、公积金、国家财政直接补助、他人捐赠以及合法取得的其他资产所形成的财产，享有占有、使用和处分的权利，并以上述财产对债务承担责任。

第五条　农民专业合作社成员以其账户内记载的出资额和公积金份额为限对农民专业合作社承担责任。

第六条　国家保护农民专业合作社及其成员的合法权益，任何单位和个人不得侵犯。

第七条　农民专业合作社从事生产经营活动，应当遵守法律、行政法规，遵守社会公德、商业道德，诚实守信。

第八条　国家通过财政支持、税收优惠和金融、科技、人才的扶持以及产业政策引导等措施，促进农民专业合作社的发展。

国家鼓励和支持社会各方面力量为农民专业合作社提供服务。

第九条　县级以上各级人民政府应当组织农业行政主管部门和其他有关部门及有关组织，依照本法规定，依据各自职责，对农民专业合作社的建设和发展给予指导、扶持和服务。

第二章　设立和登记

第十条　设立农民专业合作社，应当具备下列条件：

（一）有五名以上符合本法第十四条、第十五条规定的成员；

（二）有符合本法规定的章程；

（三）有符合本法规定的组织机构；

（四）有符合法律、行政法规规定的名称和章程确定的住所；

（五）有符合章程规定的成员出资。

第十一条　设立农民专业合作社应当召开由全体设立人参加的设立大会。设立时自愿成为该社成员的人为设立人。

设立大会行使下列职权：

（一）通过本社章程,章程应当由全体设立人一致通过;

（二）选举产生理事长、理事、执行监事或者监事会成员;

（三）审议其他重大事项。

第十二条　农民专业合作社章程应当载明下列事项:

（一）名称和住所;

（二）业务范围;

（三）成员资格及入社、退社和除名;

（四）成员的权利和义务;

（五）组织机构及其产生办法、职权、任期、议事规则;

（六）成员的出资方式、出资额;

（七）财务管理和盈余分配、亏损处理;

（八）章程修改程序;

（九）解散事由和清算办法;

（十）公告事项及发布方式;

（十一）需要规定的其他事项。

第十三条　设立农民专业合作社,应当向工商行政管理部门提交下列文件,申请设立登记:

（一）登记申请书;

（二）全体设立人签名、盖章的设立大会纪要;

（三）全体设立人签名、盖章的章程;

（四）法定代表人、理事的任职文件及身份证明;

（五）出资成员签名、盖章的出资清单;

（六）住所使用证明;

（七）法律、行政法规规定的其他文件。

登记机关应当自受理登记申请之日起二十日内办理完毕,向符合登记条件的申请者颁发营业执照。

农民专业合作社法定登记事项变更的,应当申请变更登记。

农民专业合作社登记办法由国务院规定。办理登记不得收取费用。

第三章　成　　员

第十四条　具有民事行为能力的公民,以及从事与农民专业合作社业务直接有关的生产经营活动的企业、事业单位或者社会团体,能够利用农民专业合作社提供的服务,承认并遵守农民专业合作社章程,履行章程规定的入社手续的,可以成为农民专业合作社的成员。但是,具有管理公共事务职能的单位不得加入农民专业合作社。

农民专业合作社应当置备成员名册,并报登记机关。

第十五条　农民专业合作社的成员中,农民至少应当占成员总数的百分之八十。

成员总数二十人以下的,可以有一个企业、事业单位或者社会团体成员;成员总数超过二十人的,企业、事业单位和社会团体成员不得超过成员总数的百分之五。

第十六条　农民专业合作社成员享有下列权利:

(一)参加成员大会,并享有表决权、选举权和被选举权,按照章程规定对本社实行民主管理;

(二)利用本社提供的服务和生产经营设施;

(三)按照章程规定或者成员大会决议分享盈余;

(四)查阅本社的章程、成员名册、成员大会或者成员代表大会记录、理事会会议决议、监事会会议决议、财务会计报告和会计账簿;

(五)章程规定的其他权利。

第十七条　农民专业合作社成员大会选举和表决,实行一人一票制,成员各享有一票的基本表决权。

出资额或者与本社交易量(额)较大的成员按照章程规定,可以享有附加表决权。本社的附加表决权总票数,不得超过本社成员基本表决权总票数的百分之二十。享有附加表决权的成员及其享有的附加表决权数,应当在每次成员大会召开时告知出席会议的成员。

章程可以限制附加表决权行使的范围。

第十八条　农民专业合作社成员承担下列义务:

(一)执行成员大会、成员代表大会和理事会的决议;

(二)按照章程规定向本社出资;

(三)按照章程规定与本社进行交易;

(四)按照章程规定承担亏损;

(五)章程规定的其他义务。

第十九条　农民专业合作社成员要求退社的,应当在财务年度终了的三个月前向理事长或者理事会提出;其中,企业、事业单位或者社会团体成员退社,应当在财务年度终了的六个月前提出;章程另有规定的,从其规定。退社成员的成员资格自财务年度终了时终止。

第二十条　成员在其资格终止前与农民专业合作社已订立的合同,应当继续履行;章程另有规定或者与本社另有约定的除外。

第二十一条　成员资格终止的,农民专业合作社应当按照章程规定的方式和期限,退还记载在该成员账户内的出资额和公积金份额;对成员资格终止前的可分配盈余,依照本法第三十七条第二款的规定向其返还。

资格终止的成员应当按照章程规定分摊资格终止前本社的亏损及债务。

第四章　组织机构

第二十二条　农民专业合作社成员大会由全体成员组成,是本社的权力机构,行使下列职权:

(一)修改章程;

(二)选举和罢免理事长、理事、执行监事或者监事会成员;

(三)决定重大财产处置、对外投资、对外担保和生产经营活动中的其他重大事项;

(四)批准年度业务报告、盈余分配方案、亏损处理方案;

(五)对合并、分立、解散、清算作出决议;

(六)决定聘用经营管理人员和专业技术人员的数量、资格和任期;

(七)听取理事长或者理事会关于成员变动情况的报告;

(八)章程规定的其他职权。

第二十三条　农民专业合作社召开成员大会,出席人数应当达到成员总数三分之二以上。

成员大会选举或者作出决议,应当由本社成员表决权总数过半数通过;作出修改章程或者合并、分立、解散的决议应当由本社成员表决权总数的三分之二以上通过。章程对表决权数有较高规定的,从其规定。

第二十四条　农民专业合作社成员大会每年至少召开一次,会议的召集由章程规定。有下列情形之一的,应当在二十日内召开临时成员大会:

(一)百分之三十以上的成员提议;

(二)执行监事或者监事会提议;

(三)章程规定的其他情形。

第二十五条　农民专业合作社成员超过一百五十人的,可以按照章程规定设立成员代表大会。成员代表大会按照章程规定可以行使成员大会的部分或者全部职权。

第二十六条　农民专业合作社设理事长一名,可以设理事会。理事长为本社的法定代表人。

农民专业合作社可以设执行监事或者监事会。理事长、理事、经理和财务会计人员不得兼任监事。

理事长、理事、执行监事或者监事会成员,由成员大会从本社成员中选举产生,依照本法和章程的规定行使职权,对成员大会负责。

理事会会议、监事会会议的表决,实行一人一票。

第二十七条　农民专业合作社的成员大会、理事会、监事会,应当将所议事项的决定作成会议记录,出席会议的成员、理事、监事应当在会议记录上签名。

第二十八条　农民专业合作社的理事长或者理事会可以按照成员大会的决定聘任经理和财务会计人员,理事长或者理事可以兼任经理。经理按照章程规定或者理事会的决定,可以聘任其他人员。

经理按照章程规定和理事长或者理事会授权,负责具体生产经营活动。

第二十九条　农民专业合作社的理事长、理事和管理人员不得有下列行为:

(一)侵占、挪用或者私分本社资产;

(二)违反章程规定或者未经成员大会同意,将本社资金借贷给他人或者以本社资产为他人提供担保;

(三)接受他人与本社交易的佣金归为己有;

(四)从事损害本社经济利益的其他活动。

理事长、理事和管理人员违反前款规定所得的收入,应当归本社所有;给本社造成损失的,应当承担赔偿责任。

第三十条　农民专业合作社的理事长、理事、经理不得兼任业务性质相同的其他农民专业合作社的理事长、理事、监事、经理。

第三十一条　执行与农民专业合作社业务有关公务的人员,不得担任农民专业合作社的理事长、理事、监事、经理或者财务会计人员。

第五章　财务管理

第三十二条　国务院财政部门依照国家有关法律、行政法规,制定农民专业合作社财务会计制度。农民专业合作社应当按照国务院财政部门制定的财务会计制度进行会计核算。

第三十三条　农民专业合作社的理事长或者理事会应当按照章程规定,组织编制年度业务报告、盈余分配方案、亏损处理方案以及财务会计报告,于成员大会召开的十五日前,置备于办公地点,供成员查阅。

第三十四条　农民专业合作社与其成员的交易、与利用其提供的服务的非成员的交易,应当分别核算。

第三十五条　农民专业合作社可以按照章程规定或者成员大会决议从当年盈余中提取公积金。公积金用于弥补亏损、扩大生产经营或者转为成员出资。

每年提取的公积金按照章程规定量化为每个成员的份额。

第三十六条　农民专业合作社应当为每个成员设立成员账户,主要记载下列内容:

(一)该成员的出资额;

(二)量化为该成员的公积金份额;

(三)该成员与本社的交易量(额)。

第三十七条　在弥补亏损、提取公积金后的当年盈余,为农民专业合作社的可分配盈余。

可分配盈余按照下列规定返还或者分配给成员,具体分配办法按照章程规定或者经成员大会决议确定:

(一)按成员与本社的交易量(额)比例返还,返还总额不得低于可分配盈余的百分之六十;

(二)按前项规定返还后的剩余部分,以成员账户中记载的出资额和公积金份额,以及本社接受国家财政直接补助和他人捐赠形成的财产平均量化到成员的份额,按比例分配给本社成员。

第三十八条　设立执行监事或者监事会的农民专业合作社,由执行监事或者监事会负责对本社的财务进行内部审计,审计结果应当向成员大会报告。

成员大会也可以委托审计机构对本社的财务进行审计。

第六章　合并、分立、解散和清算

第三十九条　农民专业合作社合并,应当自合并决议作出之日起十日内通知债权人。合并各方的债权、债务应当由合并后存续或者新设的组织承继。

第四十条　农民专业合作社分立,其财产作相应的分割,并应当自分立决议作出之日起十日内通知债权人。分立前的债务由分立后的组织承担连带责任。但是,在分立前与债权人就债务清偿达成的书面协议另有约定的除外。

第四十一条　农民专业合作社因下列原因解散:

(一)章程规定的解散事由出现;

(二)成员大会决议解散;

（三）因合并或者分立需要解散；

（四）依法被吊销营业执照或者被撤销。

因前款第一项、第二项、第四项原因解散的，应当在解散事由出现之日起十五日内由成员大会推举成员组成清算组，开始解散清算。逾期不能组成清算组的，成员、债权人可以向人民法院申请指定成员组成清算组进行清算，人民法院应当受理该申请，并及时指定成员组成清算组进行清算。

第四十二条　清算组自成立之日起接管农民专业合作社，负责处理与清算有关未了结业务，清理财产和债权、债务，分配清偿债务后的剩余财产，代表农民专业合作社参与诉讼、仲裁或者其他法律程序，并在清算结束时办理注销登记。

第四十三条　清算组应当自成立之日起十日内通知农民专业合作社成员和债权人，并于六十日内在报纸上公告。债权人应当自接到通知之日起三十日内，未接到通知的自公告之日起四十五日内，向清算组申报债权。如果在规定期间内全部成员、债权人均已收到通知，免除清算组的公告义务。

债权人申报债权，应当说明债权的有关事项，并提供证明材料。清算组应当对债权进行登记。

在申报债权期间，清算组不得对债权人进行清偿。

第四十四条　农民专业合作社因本法第四十一条第一款的原因解散，或者人民法院受理破产申请时，不能办理成员退社手续。

第四十五条　清算组负责制定包括清偿农民专业合作社员工的工资及社会保险费用，清偿所欠税款和其他各项债务，以及分配剩余财产在内的清算方案，经成员大会通过或者申请人民法院确认后实施。

清算组发现农民专业合作社的财产不足以清偿债务的，应当依法向人民法院申请破产。

第四十六条　农民专业合作社接受国家财政直接补助形成的财产，在解散、破产清算时，不得作为可分配剩余资产分配给成员，处置办法由国务院规定。

第四十七条　清算组成员应当忠于职守，依法履行清算义务，因故意或者重大过失给农民专业合作社成员及债权人造成损失的，应当承担赔偿责任。

第四十八条　农民专业合作社破产适用企业破产法的有关规定。但是，破产财产在清偿破产费用和共益债务后，应当优先清偿破产前与农民成员已发生交易但尚未结清的款项。

第七章　扶持政策

第四十九条　国家支持发展农业和农村经济的建设项目,可以委托和安排有条件的有关农民专业合作社实施。

第五十条　中央和地方财政应当分别安排资金,支持农民专业合作社开展信息、培训、农产品质量标准与认证、农业生产基础设施建设、市场营销和技术推广等服务。对民族地区、边远地区和贫困地区的农民专业合作社和生产国家与社会急需的重要农产品的农民专业合作社给予优先扶持。

第五十一条　国家政策性金融机构应当采取多种形式,为农民专业合作社提供多渠道的资金支持。具体支持政策由国务院规定。

国家鼓励商业性金融机构采取多种形式,为农民专业合作社提供金融服务。

第五十二条　农民专业合作社享受国家规定的对农业生产、加工、流通、服务和其他涉农经济活动相应的税收优惠。

支持农民专业合作社发展的其他税收优惠政策,由国务院规定。

第八章　法津责任

第五十三条　侵占、挪用、截留、私分或者以其他方式侵犯农民专业合作社及其成员的合法财产,非法干预农民专业合作社及其成员的生产经营活动,向农民专业合作社及其成员摊派,强迫农民专业合作社及其成员接受有偿服务,造成农民专业合作社经济损失的,依法追究法律责任。

第五十四条　农民专业合作社向登记机关提供虚假登记材料或者采取其他欺诈手段取得登记的,由登记机关责令改正;情节严重的,撤销登记。

第五十五条　农民专业合作社在依法向有关主管部门提供的财务报告等材料中,作虚假记载或者隐瞒重要事实的,依法追究法律责任。

第九章　附　则

第五十六条　本法自2007年7月1日起施行。

附录Ⅱ 农民专业合作社财务会计制度(试行)

一、总 则

(一) 为了规范农民专业合作社(以下简称合作社)会计工作,保护农民专业合作社及其成员的合法权益,根据《中华人民共和国会计法》《中华人民共和国农民专业合作社法》及有关规定,结合合作社的实际情况,制定本制度。

(二) 本制度适用于依照《中华人民共和国农民专业合作社法》设立并取得法人资格的合作社。

(三) 合作社应根据本制度规定和会计业务需要,设置会计账簿,配备必要的会计人员。不具备条件的,也可以本着民主、自愿的原则,委托农村经营管理机构或代理记账机构代理记账、核算。

(四) 合作社应按本制度规定,设置和使用会计科目,登记会计账簿,编制会计报表。

会计核算以人民币"元"为金额单位,"元"以下填至"分"。

(五)合作社的会计核算采用权责发生制。会计记账方法采用借贷记账法。

(六)合作社会计核算应当划分会计期间,分期结算账目。一个会计年度自公历1月1日起至12月31日止。

(七) 合作社会计信息应定期、及时向本合作社成员公开,接受成员的监督。对于成员提出的问题,会计及管理人员应及时解答,确实存在错误的要立即纠正。

(八)财政部门依照《中华人民共和国会计法》规定职责,对合作社的会计工作进行管理和监督。

农村经营管理部门依照《中华人民共和国农民专业合作社法》和有关法规政策等,对合作社会计工作进行指导和监督。

(九)本制度自 2008 年 1 月 1 日起施行。

二、会计核算的基本要求

(一)合作社的资产分为流动资产、农业资产、对外投资、固定资产和无形资产等。

(二)合作社的流动资产包括现金、银行存款、应收款项、存货等。

(三)合作社必须根据有关法律法规,结合实际情况,建立健全货币资金内部控制制度。

合作社应当建立货币资金业务的岗位责任制,明确相关岗位的职责权限。明确审批人和经办人对货币资金业务的权限、程序、责任和相关控制措施。

合作社收取现金时手续要完备,使用统一规定的收款凭证。合作社取得的所有现金均应及时入账,不准以白条抵库,不准挪用,不准公款私存。

合作社要及时、准确地核算现金收入、支出和结存,做到账款相符。要组织专人定期或不定期清点核对现金。

合作社要定期与银行、信用社或其他金融机构核对账目。支票和财务印鉴不得由同一人保管。

(四)合作社的应收款项包括本社成员和非本社成员的各项应收及暂付款项。合作社对拖欠的应收款项要采取切实可行的措施积极催收。

(五)合作社应当建立健全销售业务内部控制制度,明确审批人和经办人的权限、程序、责任和相关控制措施。

合作社应当按照规定的程序办理销售和发货业务。应当在销售与发货各环节设置相关的记录、填制相应的凭证,并加强有关单据和凭证的相互核对工作。

合作社应当按照有关规定及时办理销售收款业务,应将销售收入及时入账,不得账外设账。

合作社应当加强销售合同、发货凭证、销售发票等文件和凭证的管理。

(六)合作社应当建立健全采购业务内部控制制度,明确审批人和经办人的权限、程序、责任和相关控制措施。

合作社应当按照规定的程序办理采购与付款业务。应当在采购与付款各环节设置相关的记录、填制相应的凭证,并加强有关单据和凭证的相互核对工作。在办理付款业务时,应当对采购发票、结算凭证、验收证明等相关凭证进行严格审核。

合作社应当加强对采购合同、验收证明、入库凭证、采购发票等文件和凭证的管理。

（七）合作社的存货包括种子、化肥、燃料、农药、原材料、机械零配件、低值易耗品、在产品、农产品、工业产成品、受托代销商品、受托代购商品、委托代销商品和委托加工物资等。

存货按照下列原则计价：购入的物资按照买价加运输费、装卸费等费用、运输途中的合理损耗等计价；受托代购商品视同购入的物资计价；生产入库的农产品和工业产成品，按生产过程中发生的实际支出计价；委托加工物资验收入库时，按照委托加工物资的成本加上实际支付的全部费用计价；受托代销商品按合同或协议约定的价格计价，出售受托代销商品时，实际收到的价款大于合同或协议约定价格的差额计入经营收入，实际收到的价款小于合同或协议约定价格的差额计入经营支出；委托代销商品按委托代销商品的实际成本计价。领用或出售的出库存货成本的确定，可在"先进先出法"、"加权平均法"、"个别计价法"等方法中任选一种，但是一经选定，不得随意变动。

合作社对存货要定期盘点核对，做到账实相符，年末必须进行一次全面的盘点清查。盘亏、毁损和报废的存货，按规定程序批准后，按实际成本扣除应由责任人或者保险公司赔偿的金额和残料价值后的余额，计入其他支出。

（八）合作社应当建立健全存货内部控制制度，建立保管人员岗位责任制。存货入库时，保管员清点验收入库，填写入库单；出库时，由保管员填写出库单，主管负责人批准，领用人签名盖章，保管员根据批准后的出库单出库。

（九）合作社根据国家法律、法规规定，可以采用货币资金、实物资产或者购买股票、债券等有价证券方式向其他单位投资。

（十）合作社的对外投资按照下列原则计价：

以现金、银行存款等货币资金方式向其他单位投资的，按照实际支付的款项计价。

以实物资产（含牲畜和林木）方式向其他单位投资的，按照评估确认或者合同、协议确定的价值计价。

合作社以实物资产方式对外投资，其评估确认或合同、协议确定的价值必须真实、合理，不得高估或低估资产价值。实物资产重估确认价值与其账面净值之间的差额，计入资本公积。

合作社对外投资分得的现金股利或利润、利息等计入投资收益。出售、转让和收回对外投资时,按实际收到的价款与其账面余额的差额,计入投资收益。

（十一）合作社应当建立健全对外投资业务内部控制制度,明确审批人和经办人的权限、程序、责任和相关控制措施。

合作社的对外投资业务（包括对外投资决策、评估及其收回、转让与核销）,应当由理事会提交成员大会决策,严禁任何个人擅自决定对外投资或者改变成员大会的决策意见。

合作社应当建立对外投资责任追究制度,对在对外投资中出现重大决策失误、未履行集体审批程序和不按规定执行对外投资业务的人员,应当追究相应的责任。

合作社应当对对外投资业务各环节设置相应的记录或凭证,加强对审批文件、投资合同或协议、投资方案书、对外投资有关权益证书、对外投资处置决议等文件资料的管理,明确各种文件资料的取得、归档、保管、调阅等各个环节的管理规定及相关人员的职责权限。

合作社应当加强对投资收益的控制,对外投资获取的利息、股利以及其他收益,均应纳入会计核算,严禁设置账外账。

（十二）合作社要建立有价证券管理制度,加强对各种有价证券的管理。要建立有价证券登记簿,详细记载各有价证券的名称、券别、购买日期、号码、数量和金额。有价证券要由专人管理。

（十三）合作社的农业资产包括牲畜（禽）资产和林木资产等。

农业资产按下列原则计价:购入的农业资产按照购买价及相关税费等计价;幼畜及育肥畜的饲养费用、经济林木投产前的培植费用、非经济林木郁闭前的培植费用按实际成本计入相关资产成本;产役畜、经济林木投产后,应将其成本扣除预计残值后的部分在其正常生产周期内按直线法分期摊销,预计净残值率按照产役畜、经济林木成本的5%确定,已提足折耗但未处理仍继续使用的产役畜、经济林木不再摊销;农业资产死亡毁损时,按规定程序批准后,按实际成本扣除应由责任人或者保险公司赔偿的金额后的差额,计入其他收支;合作社其他农业资产,可比照牲畜（禽）资产和林木资产的计价原则处理。

（十四）合作社的房屋、建筑物、机器、设备、工具、器具和农业基本建设设施等,凡使用年限在一年以上,单位价值在500元以上的列为固定资产。有些主要生产工具和设备,单位价值虽低于规定标准,但使用年限在一年以上的,也可列为固定资产。

合作社以经营租赁方式租入和以融资租赁方式租出的固定资产,不应列作合作社的固定资产。

（十五）合作社应当根据具体情况分别确定固定资产的入账价值：

1. 购入的固定资产，不需要安装的，按实际支付的买价加采购费、包装费、运杂费、保险费和交纳的有关税金等计价；需要安装或改装的，还应加上安装费或改装费。

2. 新建的房屋及建筑物、农业基本建设设施等固定资产，按竣工验收的决算价计价。

3. 接受捐赠的全新固定资产，应按发票所列金额加上实际发生的运输费、保险费、安装调试费和应支付的相关税金等计价；无所附凭据的，按同类设备的市价加上应支付的相关税费计价。接受捐赠的旧固定资产，按照经过批准的评估价值或双方确认的价值计价。

4. 在原有固定资产基础上进行改造、扩建的，按原有固定资产的价值，加上改造、扩建工程而增加的支出，减去改造、扩建工程中发生的变价收入计价。

5. 投资者投入的固定资产，按照投资各方确认的价值计价。

（十六）合作社的在建工程指尚未完工、或虽已完工但尚未办理竣工决算的工程项目。在建工程按实际消耗的支出或支付的工程价款计价。形成固定资产的在建工程完工交付使用后，计入固定资产。

在建工程部分发生报废或者毁损，按规定程序批准后，按照扣除残料价值和过失人及保险公司赔款后的净损失，计入工程成本。单项工程报废以及由于自然灾害等非常原因造成的报废或者毁损，其净损失计入其他支出。

（十七）合作社必须建立固定资产折旧制度，按年或按季、按月提取固定资产折旧。固定资产的折旧方法可在"平均年限法"、"工作量法"等方法中任选一种，但是一经选定，不得随意变动。

合作社应当对所有的固定资产计提折旧，但是，已提足折旧仍继续使用的固定资产除外。

合作社当月或当季度增加的固定资产，当月或当季度不提折旧，从下月或下季度起计提折旧；当月或当季度减少的固定资产，当月或当季度照提折旧，从下月或下季度起不提折旧。

固定资产提足折旧后，不管能否继续使用，均不再提取折旧；提前报废的固定资产，也不再补提折旧。

（十八）固定资产的修理费用直接计入有关支出项目。

固定资产变卖和清理报废的变价净收入与其账面净值的差额计入其他收

支。固定资产变价净收入是指变卖和清理报废固定资产所取得的价款减清理费用后的净额。固定资产净值是指固定资产原值减累计折旧后的净额。

（十九）合作社应当建立健全固定资产内部控制制度，建立人员岗位责任制。应当定期对固定资产盘点清查，做到账实相符，年度终了前必须进行一次全面的盘点清查。盘亏及毁损的固定资产，应查明原因，按规定程序批准后，按其原价扣除累计折旧、变价收入、过失人及保险公司赔款之后，计入其他支出。

（二十）合作社的无形资产是指合作社长期使用但是没有实物形态的资产，包括专利权、商标权、非专利技术等。无形资产按取得时的实际成本计价，并从使用之日起，按照不超过10年的期限平均摊销，计入管理费用。转让无形资产取得的收入，计入其他收入；转让无形资产的成本，计入其他支出。

（二十一）每年年度终了，合作社应当对应收款项、存货、对外投资、农业资产、固定资产、在建工程、无形资产等资产进行全面检查，对于已发生损失但尚未批准核销的各项资产，应在资产负债表补充资料中予以披露。这些资产包括：1.确实无法收回的应收款项；2.盘亏、毁损和报废的存货；3.无法收回的对外投资；4.死亡毁损的农业资产；5.盘亏、毁损和报废的固定资产；6.毁损和报废的在建工程；7.注销和无效的无形资产。

（二十二）合作社应当定期或不定期对与资产有关的内部控制制度进行监督检查，对发现的薄弱环节，应当及时采取措施，加以纠正和完善。

（二十三）合作社的负债分为流动负债和长期负债。

流动负债是指偿还期在一年以内（含一年）的债务，包括短期借款、应付款项、应付工资、应付盈余返还、应付剩余盈余等。

长期负债是指偿还期超过一年以上（不含一年）的债务，包括长期借款、专项应付款等。

合作社的负债按实际发生的数额计价，利息支出计入其他支出。对发生因债权人特殊原因确实无法支付的应付款项，计入其他收入。

（二十四）合作社应当建立健全借款业务内部控制制度，明确审批人和经办人的权限、程序、责任和相关控制措施。不得由同一人办理借款业务的全过程。

合作社应当对借款业务按章程规定进行决策和审批，并保留完整的书面记录。

合作社应当在借款各环节设置相关的记录、填制相应的凭证，并加强有关单据和凭证的相互核对工作。合作社应当加强对借款合同等文件和凭证的管理。

合作社应当定期或不定期对借款业务内部控制进行监督检查,对发现的薄弱环节,应当及时采取措施,加以纠正和完善。

(二十五)合作社的所有者权益包括股金、专项基金、资本公积、盈余公积、未分配盈余等。

(二十六)合作社对成员入社投入的资产要按有关规定确认和计量。合作社收到成员入社投入的资产,应按双方确认的价值计入相关资产,按享有合作社注册资本的份额计入股金,双方确认的价值与按享有合作社注册资本的份额计算的金额的差额,计入资本公积。

合作社接受国家财政直接补助形成的固定资产、农业资产和无形资产,以及接受他人捐赠、用途不受限制或已按约定使用的资产计入专项基金。

合作社从当年盈余中提取的公积金,计入盈余公积。

(二十七)合作社的生产成本是指合作社直接组织生产或对非成员提供劳务等活动所发生的各项生产费用和劳务成本。

(二十八)合作社的经营收入是指合作社为成员提供农业生产资料的购买,农产品的销售、加工、运输、贮藏以及与农业生产经营有关的技术、信息等服务取得的收入,以及销售合作社自己生产的产品、对非成员提供劳务等取得的收入。合作社一般应于产品物资已经发出,服务已经提供,同时收讫价款或取得收取价款的凭据时,确认经营收入的实现。

合作社的其他收入是指除经营收入以外的收入。

(二十九)合作社的经营支出是指合作社为成员提供农业生产资料的购买,农产品的销售、加工、运输、贮藏以及与农业生产经营有关的技术、信息等服务发生的实际支出,以及因销售合作社自己生产的产品、对非成员提供劳务等活动发生的实际成本。

管理费用是指合作社管理活动发生的各项支出,包括管理人员的工资、办公费、差旅费、管理用固定资产的折旧、业务招待费、无形资产摊销等。

其他支出是指合作社除经营支出、管理费用以外的支出。

(三十)合作社的本年盈余按照下列公式计算:

本年盈余 = 经营收益 + 其他收入 - 其他支出

其中:

经营收益 = 经营收入 + 投资收益 - 经营支出 - 管理费用

投资收益是指投资所取得的收益扣除发生的投资损失后的数额。

投资收益包括对外投资分得的利润、现金股利和债券利息,以及投资到期收回或者中途转让取得款项高于账面余额的差额等。投资损失包括投资到期收回或者中途转让取得款项低于账面余额的差额。

（三十一）合作社在进行年终盈余分配工作以前，要准确地核算全年的收入和支出；清理财产和债权、债务，真实完整地登记成员个人账户。

三、会计科目

（一）会计科目表

顺序号	科目编号	科目名称
一、资产类		
1	101	库存现金
2	102	银行存款
3	113	应收款
4	114	成员往来
5	121	产品物资
6	124	委托加工物资
7	125	委托代销商品
8	127	受托代购商品
9	128	受托代销商品
10	131	对外投资
11	141	牲畜（禽）资产
12	142	林木资产
13	151	固定资产
14	152	累计折旧
15	153	在建工程
16	154	固定资产清理
17	161	无形资产
二、负债类		
18	201	短期借款
19	211	应付款
20	212	应付工资
21	221	应付盈余返还
22	222	应付剩余盈余
23	231	长期借款
24	235	专项应付款
三、所有者权益类		
25	301	股金
26	311	专项基金
27	321	资本公积
28	322	盈余公积
29	331	本年盈余
30	332	盈余分配

续表

顺序号	科目编号	科目名称
四、成本类		
31	401	生产成本
五、损益类		
32	501	经营收入
33	502	其他收入
34	511	投资收益
35	521	经营支出
36	522	管理费用
37	529	其他支出

附注：合作社在经营中涉及使用外埠存款、银行汇票存款、银行本票存款、信用卡存款、信用证保证金存款等各种其他货币资金的，可增设"其他货币资金"科目（科目编号 109）；合作社在经营中大量使用包装物，需要单独对其进行核算的，可增设"包装物"科目（科目编号 122）；合作社生产经营过程中，有牲畜（禽）资产、林木资产以外的其他农业资产，需要单独对其进行核算的，可增设"其他农业资产"科目（科目编号 149），参照"牲畜（禽）资产"、"林木资产"进行核算；合作社需要分年摊销相关长期费用的，可增设"长期待摊费用"科目（科目编号 171）。

（二）会计科目使用说明

101 库存现金

一、本科目核算合作社的库存现金。

二、合作社应严格按照国家有关现金管理的规定收支现金，超过库存现金限额的部分应当及时交存银行，并严格按照本制度规定核算现金的各项收支业务。

三、收到现金时，借记本科目，贷记有关科目；支出现金时，借记有关科目，贷记本科目。

四、本科目期末借方余额，反映合作社实际持有的库存现金。

102 银行存款

一、本科目核算合作社存入银行、信用社或其他金融机构的款项。

二、合作社应当严格按照国家有关支付结算办法，办理银行存款收支业务的结算，并按照本制度规定核算银行存款的各项收支业务。

三、合作社将款项存入银行、信用社或其他金融机构时，借记本科目，贷记有关科目;提取和支出存款时,借记有关科目,贷记本科目。

四、本科目应按银行、信用社或其他金融机构的名称设置明细科目,进行明细核算。

五、本科目期末借方余额,反映合作社实际存在银行、信用社或其他金融机构的款项。

113 应收款

一、本科目核算合作社与非成员之间发生的各种应收以及暂付款项,包括因销售产品物资、提供劳务应收取的款项以及应收的各种赔款、罚款、利息等。

二、合作社发生各种应收及暂付款项时,借记本科目,贷记"经营收入"、"库存现金"、"银行存款"等科目;收回款项时,借记"库存现金"、"银行存款"等科目,贷记本科目。取得用暂付款购得的产品物资、劳务时,借记"产品物资"等科目,贷记本科目。

三、对确实无法收回的应收及暂付款项,按规定程序批准核销时,借记"其他支出"科目,贷记本科目。

四、本科目应按应收及暂付款项的单位和个人设置明细科目,进行明细核算。

五、本科目期末借方余额,反映合作社尚未收回的应收及暂付款项。

114 成员往来

一、本科目核算合作社与其成员的经济往来业务。

二、合作社与其成员发生应收款项和偿还应付款项时,借记本科目,贷记"库存现金"、"银行存款"等科目;收回应收款项和发生应付款项时,借记"库存现金"、"银行存款"等科目,贷记本科目。

三、合作社为其成员提供农业生产资料购买服务,按实际支付或应付的款项,借记本科目,贷记"库存现金"、"银行存款"、"应付款"等科目;按为其成员提供农业生产资料购买而应收取的服务费,借记本科目,贷记"经营收入"等科目;收到成员给付的农业生产资料购买款项和服务费时,借记"库存现金"、"银行存款"等科目,贷记本科目。

四、合作社为其成员提供农产品销售服务,收到成员交来的产品时,按合同或协议约定的价格,借记"受托代销商品"等科目,贷记本科目。

五、本科目应按合作社成员设置明细科目,进行明细核算。

六、本科目下属各明细科目的期末借方余额合计数反映成员欠合作社的款项总额;期末贷方余额合计数反映合作社欠成员的款项总额。各明细科目年末借方余额合计数应在资产负债表"应收款项"反映;年末贷方余额合计数应在资产负债表"应付款项"反映。

121 产品物资

一、本科目核算合作社库存的各种产品和物资。

二、合作社购入并已验收入库的产品物资,按实际支付或应支付的价款,借记本科目,贷记"库存现金"、"银行存款"、"成员往来"、"应付款"等科目。

三、合作社生产完工以及委托外单位加工完成并已验收入库的产品物资,按实际成本,借记本科目,贷记"生产成本"、"委托加工物资"等科目。

四、产品物资销售时,按实现的销售收入,借记"库存现金"、"银行存款"、"应收款"等科目,贷记"经营收入"科目;按销售产品物资的实际成本,借记"经营支出"科目,贷记本科目。

五、产品物资领用时,借记"生产成本"、"在建工程"、"管理费用"等科目,贷记本科目。

六、合作社的产品物资应当定期清查盘点。盘亏和毁损产品物资,经审核批准后,按照责任人和保险公司赔偿的金额,借记"成员往来"、"应收款"等科目,按责任人或保险公司赔偿金额后的净损失,借记"其他支出"科目,按盘亏和毁损产品物资的账面余额,贷记本科目。

七、本科目应按产品物资品名设置明细科目,进行明细核算。

八、本科目期末借方余额,反映合作社库存产品物资的实际成本。

124 委托加工物资

一、本科目核算合作社委托外单位加工的各种物资的实际成本。

二、发给外单位加工的物资,按委托加工物资的实际成本,借记本科目,贷记"产品物资"等科目。

按合作社支付该项委托加工的全部费用(加工费、运杂费等),借记本科目,贷记"库存现金"、"银行存款"等科目。

三、加工完成验收入库的物资,按加工收回物资的实际成本和剩余物资的实际成本,借记"产品物资"等科目,贷记本科目。

四、本科目应按加工合同和受托加工单位等设置明细账,进行明细核算。

五、本科目期末借方余额,反映合作社委托外单位加工但尚未加工完成物资的实际成本。

125 委托代销商品

一、本科目核算合作社委托外单位销售的各种商品的实际成本。

二、发给外单位销售的商品时，按委托代销商品的实际成本，借记本科目，贷记"产品物资"等科目。

三、收到代销单位报来的代销清单时，按应收金额，借记"应收款"科目，按应确认的收入，贷记"经营收入"科目；按应支付的手续费等，借记"经营支出"科目，贷记"应收款"科目；同时，按代销商品的实际成本（或售价），借记"经营支出"等科目，贷记本科目；收到代销款时，借记"银行存款"等科目，贷记"应收款"科目。

四、本科目应按代销商品或委托单位等设置明细账，进行明细核算。

五、本科目期末借方余额，反映合作社委托外单位销售但尚未收到代销商品款的商品的实际成本。

127 受托代购商品

一、本科目核算合作社接受委托代为采购商品的实际成本。

二、合作社收到受托代购商品款时，借记"库存现金"、"银行存款"等科目，贷记"成员往来"等科目。

三、合作社受托采购商品时，按采购商品的价款，借记本科目，贷记"库存现金"、"银行存款"、"应付款"等科目。

四、合作社将受托代购商品交付给委托方时，按代购商品的实际成本，借记"成员往来"、"应付款"等科目，贷记本科目；如果受托代购商品收取手续费，按应收取的手续费，借记"成员往来"等科目，贷记"经营收入"科目。收到手续费时，借记"库存现金"、"银行存款"等科目，贷记"成员往来"等科目。

五、本科目应按受托方设置明细账，进行明细核算。

六、本科目期末借方余额，反映合作社受托采购尚未交付商品的实际成本。

128 受托代销商品

一、本科目核算合作社接受委托代销商品的实际成本。

二、合作社收到委托代销商品时，按合同或协议约定的价格，借记本科目，贷记"成员往来"等科目。

三、合作社售出受托代销商品时，按实际收到的价款，借记"库存现金"、"银行存款"等科目，按合同或协议约定的价格，贷记本科目，如果实际收到的价款大于合同或协议约定的价格，按其差额，贷记"经营收入"等科目；如果实际收到的价款小于合同或协议约定的价格，按其差额，借记"经营支出"等科目。

四、合作社给付委托方代销商品款时，借记"成员往来"等科目，贷记"库存现金"、"银行存款"等科目。

五、本科目应按委托代销方设置明细账,进行明细核算。

六、本科目期末借方余额,反映合作社尚未售出的受托代销商品的实际成本。

131 对外投资

一、本科目核算合作社持有的各种对外投资,包括股票投资、债券投资和合作社兴办企业等投资。

二、合作社以现金或实物资产(含牲畜和林木)等方式进行对外投资时,按照实际支付的价款或合同、协议确定的价值,借记本科目,贷记"库存现金"、"银行存款"等科目,合同或协议约定的实物资产价值与原账面余额之间的差额,借记或贷记"资本公积"科目。

三、收回投资时,按实际收回的价款或价值,借记"库存现金"、"银行存款"等科目,按投资的账面余额,贷记本科目,实际收回的价款或价值与账面余额的差额,借记或贷记"投资收益"科目。

四、被投资单位宣告分配现金股利或利润时,借记"应收款"等科目,贷记"投资收益"等科目;实际收到现金股利或利润时,借记"库存现金"、"银行存款"等科目,贷记"应收款"科目;获得股票股利时,不作账务处理,但应在备查簿中登记所增加的股份。

五、投资发生损失时,按规定程序批准后,按照应由责任人和保险公司赔偿的金额,借记"应收款"、"成员往来"等科目,按照扣除由责任人和保险公司赔偿的金额后的净损失,借记"投资收益"科目,按照发生损失对外投资的账面余额,贷记本科目。

六、本科目应按对外投资的种类设置明细科目,进行明细核算。

七、本科目期末借方余额,反映合作社对外投资的实际成本。

141 牲畜(禽)资产

一、本科目核算合作社购入或培育的牲畜(禽)的成本。牲畜(禽)资产分幼畜及育肥畜和产役畜两类。

二、合作社购入幼畜及育肥畜时,按购买价及相关税费,借记本科目(幼畜及育肥畜),贷记"库存现金"、"银行存款"、"应付款"等科目;发生的饲养费用,借记本科目(幼畜及育肥畜),贷记"应付工资"、"产品物资"等科目。

三、幼畜成龄转作产役畜时,按实际成本,借记本科目(产役畜),贷记本科目(幼畜及育肥畜)。

四、产役畜的饲养费用不再记入本科目,借记"经营支出"科目,贷记"应付工资"、"产品物资"等科目。

五、产役畜的成本扣除预计残值后的部分应在其正常生产周期内,按照直线法分期摊销,借记"经营支出"科目,贷记本科目(产役畜)。

六、幼畜及育肥畜和产役畜对外销售时,按照实现的销售收入,借记"库存现金"、"银行存款"、"应收款"等科目,贷记"经营收入"科目;同时,按照销售牲畜的实际成本,借记"经营支出"科目,贷记本科目。

七、以幼畜及育肥畜和产役畜对外投资时,按照合同、协议确定的价值,借记"对外投资"科目,贷记本科目,合同或协议确定的价值与牲畜资产账面余额之间的差额,借记或贷记"资本公积"科目。

八、牲畜死亡毁损时,按规定程序批准后,按照过失人及保险公司应赔偿的金额,借记"成员往来"、"应收款"科目,如发生净损失,则按照扣除过失人和保险公司应赔偿金额后的净损失,借记"其他支出"科目,按照牲畜资产的账面余额,贷记本科目;如产生净收益,则按照牲畜资产的账面余额,贷记本科目,同时按照过失人及保险公司应赔偿金额超过牲畜资产账面余额的金额,贷记"其他收入"科目。

九、本科目应设置"幼畜及育肥畜"和"产役畜"两个二级科目,按牲畜(禽)的种类设置三级明细科目,进行明细核算。

十、本科目期末借方余额,反映合作社幼畜及育肥畜和产役畜的账面余额。

142 林木资产

一、本科目核算合作社购入或营造的林木成本。林木资产分经济林木和非经济林木两类。

二、合作社购入经济林木时,按购买价及相关税费,借记本科目(经济林木),贷记"库存现金"、"银行存款"、"应付款"等科目;购入或营造的经济林木投产前发生的培植费用,借记本科目(经济林木),贷记"应付工资"、"产品物资"等科目。

三、经济林木投产后发生的管护费用,不再记入本科目,借记"经营支出"科目,贷记"应付工资"、"产品物资"等科目。

四、经济林木投产后,其成本扣除预计残值后的部分应在其正常生产周期内,按照直线法摊销,借记"经营支出"科目,贷记本科目(经济林木)。

五、合作社购入非经济林木时,按购买价及相关税费,借记本科目(非经济林木),贷记"库存现金"、"银行存款"、"应付款"等科目;购入或营造的非经济林木在郁闭前发生的培植费用,借记本科目(非经济林木),贷记"应付工资"、

"产品物资"等科目。

六、非经济林木郁闭后发生的管护费用,不再记入本科目,借记"其他支出"科目,贷记"应付工资"、"产品物资"等科目。

七、按规定程序批准后,林木采伐出售时,按照实现的销售收入,借记"库存现金"、"银行存款"、"应收款"等科目,贷记"经营收入"科目;同时,按照出售林木的实际成本,借记"经营支出"科目,贷记本科目。

八、以林木对外投资时,按照合同、协议确定的价值,借记"对外投资"科目,贷记本科目,合同或协议确定的价值与林木资产账面余额之间的差额,借记或贷记"资本公积"科目。

九、林木死亡毁损时,按规定程序批准后,按照过失人及保险公司应赔偿的金额,借记"成员往来"、"应收款"科目,如发生净损失,则按照扣除过失人和保险公司应赔偿金额后的净损失,借记"其他支出"科目,按照林木资产的账面余额,贷记本科目;如产生净收益,则按照林木资产的账面余额,贷记本科目,同时按照过失人及保险公司应赔偿金额超过林木资产账面余额的金额,贷记"其他收入"科目。

十、本科目应设置"经济林木"和"非经济林木"两个二级科目,按林木的种类设置三级科目,进行明细核算。

十一、本科目期末借方余额,反映合作社购入或营造林木的账面余额。

151 固定资产

一、本科目核算合作社固定资产的原值。

合作社的房屋、建筑物、机器、设备、工具、器具、农业基本建设设施等,凡使用年限在一年以上、单位价值在 500 元以上的列为固定资产。有些主要生产工具和设备,单位价值虽然低于规定标准,但使用年限在一年以上的,也可列为固定资产。

合作社以经营租赁方式租入和以融资租赁方式租出的固定资产,不应列作合作社的固定资产。

二、固定资产账务处理:

(一)购入不需要安装的固定资产,按原价加采购费、包装费、运杂费、保险费和相关税金等,借记本科目,贷记"银行存款"等科目。购入需要安装的固定资产,先记入"在建工程"科目,待安装完毕交付使用时,按照其实际成本,借记本科目,贷记"在建工程"科目。

(二)自行建造完成交付使用的固定资产,按建造该固定资产的实际成本,借记本科目,贷记"在建工程"科目。

（三）投资者投入的固定资产,按照投资各方确认的价值,借记本科目,按照经过批准的投资者所应拥有以合作社注册资本份额计算的资本金额,贷记"股金"科目,按照两者之间的差额,借记或贷记"资本公积"科目。

（四）收到捐赠的全新固定资产,按照所附发票所列金额加上应支付的相关税费,借记本科目,贷记"专项基金"科目;如果捐赠方未提供有关凭据,则按其市价或同类、类似固定资产的市场价格估计的金额,加上由合作社负担的运输费、保险费、安装调试费等作为固定资产成本,借记本科目,贷记"专项基金"科目。收到捐赠的旧固定资产,按照经过批准的评估价值或双方确认的价值,借记本科目,贷记"专项基金"科目。

（五）固定资产出售、报废和毁损等时,按固定资产账面净值,借记"固定资产清理"科目,按照应由责任人或保险公司赔偿的金额,借记"应收款"、"成员往来"等科目,按已提折旧,借记"累计折旧"科目,按固定资产原价,贷记本科目。

（六）对外投资投出固定资产时,按照投资各方确认的价值或者合同、协议约定的价值,借记"对外投资"科目,按已提折旧,借记"累计折旧"科目,按固定资产原价,贷记本科目,投资各方确认或协议价与固定资产账面净值之间的差额,借记或贷记"资本公积"科目。

（七）捐赠转出固定资产时,按固定资产净值,转入"固定资产清理"科目,应支付的相关税费,也通过"固定资产清理"科目进行归集,捐赠项目完成后,按"固定资产清理"科目的余额,借记"其他支出"科目,贷记"固定资产清理"科目。

三、合作社应当设置"固定资产登记簿"和"固定资产卡片",按固定资产类别、使用部门和每项固定资产进行明细核算。

四、本科目期末借方余额,反映合作社期末固定资产的账面原价。

152 累计折旧

一、本科目核算合作社拥有的固定资产计提的累计折旧。

二、生产经营用的固定资产计提的折旧,借记"生产成本"科目,贷记本科目;管理用的固定资产计提的折旧,借记"管理费用"科目,贷记本科目;用于公益性用途的固定资产计提的折旧,借记"其他支出"科目,贷记本科目。

三、本科目只进行总分类核算,不进行明细分类核算。

四、本科目的期末贷方余额,反映合作社提取的固定资产折旧累计数。

153 在建工程

一、本科目核算合作社进行工程建设、设备安装、农业基本建设设施建造等发生的实际支出。购入不需要安装的固定资产,不通过本科目核算。

二、购入需要安装的固定资产,按其原价加上运输、保险、采购、安装等费用,借记本科目,贷记"库存现金"、"银行存款"、"应付款"等科目。

三、建造固定资产和兴建农业基本建设设施购买专用物资以及发生工程费用,按实际支出,借记本科目,贷记"库存现金"、"银行存款"、"产品物资"等科目。

发包工程建设,根据合同规定向承包企业预付工程款,按实际预付的价款,借记本科目,贷记"银行存款"等科目;以拨付材料抵作工程款的,应按材料的实际成本,借记本科目,贷记"产品物资"等科目;将需要安装的设备交付承包企业进行安装时,应按该设备的成本,借记本科目,贷记"产品物资"等科目。与承包企业办理工程价款结算,补付的工程款,借记本科目,贷记"银行存款"、"应付款"等科目。

自营的工程,领用物资或产品时,应按领用物资或产品的实际成本,借记本科目,贷记"产品物资"等科目。工程应负担的员工工资等人员费用,借记本科目,贷记"应付工资"、"成员往来"等科目。

四、购建和安装工程完成并交付使用时,借记"固定资产"科目,贷记本科目。

五、工程完成未形成固定资产时,借记"其他支出"等科目,贷记本科目。

六、本科目应按工程项目设置明细科目,进行明细核算。

七、本科目期末借方余额,反映合作社尚未交付使用的工程项目的实际支出。

154 固定资产清理

一、本科目核算合作社因出售、捐赠、报废和毁损等原因转入清理的固定资产净值及其在清理过程中所发生的清理费用和清理收入。

二、出售、捐赠、报废和毁损的固定资产转入清理时,按固定资产账面净值,借记本科目,按已提折旧,借记"累计折旧"科目,按固定资产原值,贷记"固定资产"科目。

清理过程中发生的费用,借记本科目,贷记"库存现金"、"银行存款"等科目;收回出售固定资产的价款、残料价值和变价收入等,借记"银行存款"、"产品物资"等科目,贷记本科目;应当由保险公司或过失人赔偿的损失,借记"应收款"、"成员往来"等科目,贷记本科目。

三、清理完毕后发生的净收益,借记本科目,贷记"其他收入"科目;清理完毕后发生的净损失,借记"其他支出"科目,贷记本科目。

四、本科目应按被清理的固定资产设置明细科目,进行明细核算。

五、本科目期末余额,反映合作社转入清理但尚未清理完毕的固定资产净值,以及固定资产清理过程中所发生的清理费用和变价收入等各项金额的差额。

161 无形资产

一、本科目核算合作社持有的专利权、商标权、非专利技术等各种无形资产的价值。

二、无形资产应按取得时的实际成本计价。合作社按下列原则确定取得无形资产的实际成本,登记入账:

(一)购入的无形资产,按实际支付的价款,借记本科目,贷记"库存现金"、"银行存款"等科目。

(二)自行开发并按法律程序申请取得的无形资产,按依法取得时发生的注册费、律师费等实际支出,借记本科目,贷记"库存现金"、"银行存款"等科目。

(三)接受捐赠的无形资产,按照所附发票所列金额加上应支付的相关税费,无所附单据的,按经过批准的价值,借记本科目,贷记"专项基金"、"银行存款"等科目。

(四)投资者投入的无形资产,按照投资各方确认的价值,借记本科目,按经过批准的投资者所应拥有的以合作社注册资本份额计算的资本金额,贷记"股金"等科目,按两者之间的差额,借记或贷记"资本公积"科目。

三、无形资产从使用之日起,按直线法分期平均摊销,摊销年限不应超过10年。摊销时,借记"管理费用"科目,贷记本科目。

四、出租无形资产所取得的租金收入,借记"银行存款"等科目,贷记"其他收入"科目;结转出租无形资产的成本时,借记"其他支出"科目,贷记本科目。

五、出售无形资产,按实际取得的转让价款,借记"银行存款"等科目,按照无形资产的账面余额,贷记本科目,按应支付的相关税费,贷记"银行存款"等科目,按其差额,贷记"其他收入"或借记"其他支出"科目。

六、本科目应按无形资产类别设置明细科目,进行明细核算。

七、本科目期末借方余额,反映合作社所拥有的无形资产摊余价值。

201 短期借款

一、本科目核算合作社从银行、信用社或其他金融机构,以及外部单位和个人借入的期限在 1 年以下(含 1 年)的各种借款。

二、合作社借入各种短期借款时,借记"库存现金"、"银行存款"科目,贷记本科目。

三、合作社发生的短期借款利息支出,直接计入当期损益,借记"其他支出"科目,贷记"库存现金"、"银行存款"等科目。

四、归还短期借款时,借记本科目,贷记"库存现金"、"银行存款"科目。

五、本科目应按借款单位和个人设置明细科目,进行明细核算。

六、本科目期末贷方余额,反映合作社尚未归还的短期借款本金。

211 应付款

一、本科目核算合作社与非成员之间发生的各种应付以及暂收款项,包括因购买产品物资和接受劳务、服务等应付的款项以及应付的赔款、利息等。

二、合作社发生以上应付以及暂收款项时,借记"库存现金"、"银行存款"、"产品物资"等科目,贷记本科目。

三、合作社偿还应付及暂收款项时,借记本科目,贷记"库存现金"、"银行存款"等科目。

四、合作社确有无法支付的应付款时,按规定程序审批后,借记本科目,贷记"其他收入"科目。

五、本科目应按发生应付款的非成员单位和个人设置明细账,进行明细核算。

六、本科目期末贷方余额,反映合作社应付但尚未付给非成员的应付及暂收款项。

212 应付工资

一、本科目核算合作社应支付给管理人员及固定员工的工资总额。包括在工资总额内的各种工资、奖金、津贴、补助等,不论是否在当月支付,都应通过本科目核算。

二、合作社应按劳动工资制度规定,编制"工资表",计算各种工资。再由合作社财务会计人员将"工资表"进行汇总,编制"工资汇总表"。

三、提取工资时,根据人员岗位进行工资分配,借记"生产成本"、"管理费用"、"在建工程"等科目,贷记本科目。

四、实际支付工资时,借记本科目,贷记"库存现金"等科目。

五、合作社应当设置"应付工资明细账"，按照管理人员和固定员工的姓名、类别以及应付工资的组成内容进行明细核算。

六、本科目期末一般应无余额，如有贷方余额，反映合作社已提取但尚未支付的工资额。

221 应付盈余返还

一、本科目核算合作社按成员与本社交易量（额）比例返还给成员的盈余，返还给成员的盈余不得低于可分配盈余的百分之六十。

二、合作社根据章程规定的盈余分配方案，按成员与本社交易量（额）提取返还盈余时，借记"盈余分配"科目，贷记本科目。实际支付时，借记本科目，贷记"库存现金"、"银行存款"等科目。

三、本科目应按成员设置明细账，进行明细核算。

四、本科目期末贷方余额，反映合作社尚未支付的盈余返还。

222 应付剩余盈余

一、本科目核算合作社以成员账户中记载的出资额和公积金份额，以及本社接受国家财政直接补助和他人捐赠形成的财产平均量化到本社成员的份额，按比例分配给本社成员的剩余可分配盈余。

二、合作社按交易量（额）返还盈余后，根据章程规定或者成员大会决定分配剩余盈余时，借记"盈余分配"科目，贷记本科目。实际支付时，借记本科目，贷记"库存现金"、"银行存款"等科目。

三、本科目应按成员设置明细账，进行明细核算。

四、本科目期末贷方余额，反映合作社尚未支付给成员的剩余盈余。

231 长期借款

一、本科目核算合作社从银行等金融机构及外部单位和个人借入的期限在1年以上（不含1年）的各项借款。

二、合作社借入长期借款时，借记"库存现金"、"银行存款"科目，贷记本科目。

三、合作社长期借款利息应按期计提，借记"其他支出"科目，贷记"应付款"科目。

四、合作社偿还长期借款时，借记本科目，贷记"库存现金"、"银行存款"科目。支付长期借款利息时，借记"应付款"科目，贷记"库存现金"、"银行存款"科目。

五、本科目应按借款单位和个人设置明细账，进行明细核算。

六、本科目期末贷方余额,反映合作社尚未偿还的长期借款本金。

235 专项应付款

一、本科目核算合作社接受国家财政直接补助的资金。

二、合作社收到国家财政补助的资金时,借记"库存现金"、"银行存款"等科目,贷记本科目。

三、合作社按照国家财政补助资金的项目用途,取得固定资产、农业资产、无形资产等时,按实际支出,借记"固定资产"、"牲畜(禽)资产"、"林木资产"、"无形资产"等科目,贷记"库存现金"、"银行存款"等科目,同时借记本科目,贷记"专项基金"科目;用于开展信息、培训、农产品质量标准与认证、农业生产基础设施建设、市场营销和技术推广等项目支出时,借记本科目,贷记"库存现金"、"银行存款"等科目。

四、本科目应按国家财政补助资金项目设置明细科目,进行明细核算。

五、本科目期末贷方余额,反映合作社尚未使用和结转的国家财政补助资金数额。

301 股金

一、本科目核算合作社通过成员入社出资、投资入股、公积金转增等所形成的股金。

二、合作社收到成员以货币资金投入的股金,按实际收到的金额,借记"库存现金"、"银行存款"科目,按成员应享有合作社注册资本的份额计算的金额,贷记本科目,按两者之间的差额,贷记"资本公积"科目。

三、合作社收到成员投资入股的非货币资产,按投资各方确认的价值,借记"产品物资"、"固定资产"、"无形资产"等科目,按成员应享有合作社注册资本的份额计算的金额,贷记本科目,按两者之间的差额,贷记或借记"资本公积"科目。

四、合作社按照法定程序减少注册资本或成员退股时,借记本科目,贷记"库存现金"、"银行存款"、"固定资产"、"产品物资"等科目,并在有关明细账及备查簿中详细记录股金发生的变动情况。

五、成员按规定转让出资的,应在成员账户和有关明细账及备查簿中记录受让方。

六、本科目应按成员设置明细科目,进行明细核算。

七、本科目期末贷方余额,反映合作社实有的股金数额。

311 专项基金

一、本科目核算合作社通过国家财政直接补助转入和他人捐赠形成的专项基金。

二、合作社使用国家财政直接补助资金取得固定资产、农业资产和无形资产等时,按实际使用国家财政直接补助资金的数额,借记"专项应付款"科目,贷记本科目。

三、合作社实际收到他人捐赠的货币资金时,借记"库存现金"、"银行存款"科目,贷记本科目。

合作社收到他人捐赠的非货币资产时,按照所附发票记载金额加上应支付的相关税费,借记"固定资产"、"产品物资"等科目,贷记本科目;无所附发票的,按照经过批准的评估价值,借记"固定资产"、"产品物资"等科目,贷记本科目。

四、本科目应按专项基金的来源设置明细科目,进行明细核算。

五、本科目期末贷方余额,反映合作社实有的专项基金数额。

321 资本公积

一、本科目核算合作社形成的资本公积。

二、成员入社投入货币资金和实物资产时,按实际收到的金额和投资各方确认的价值,借记"库存现金"、"银行存款"、"固定资产"、"产品物资"等科目,按其应享有合作社注册资本的份额计算的金额,贷记"股金"科目,按两者之间的差额,贷记或借记本科目。

三、合作社以实物资产方式进行对外投资时,按照投资各方确认的价值,借记"对外投资"科目,按投出实物资产的账面余额,贷记"固定资产"、"产品物资"等科目,按两者之间的差额,借记或贷记本科目。

四、合作社用资本公积转增股金时,借记本科目,贷记"股金"科目。

五、本科目应按资本公积的来源设置明细科目,进行明细核算。

六、本科目期末贷方余额,反映合作社实有的资本公积数额。

322 盈余公积

一、本科目核算合作社从盈余中提取的盈余公积。

二、合作社提取盈余公积时,借记"盈余分配"科目,贷记本科目。

三、合作社用盈余公积转增股金或弥补亏损等时,借记本科目,贷记"股金"、"盈余分配"等科目。

四、本科目应按用途设置明细科目,进行明细核算。

五、本科目期末贷方余额,反映合作社实有的盈余公积数额。

331 本年盈余

一、本科目核算合作社本年度实现的盈余。

二、会计期末结转盈余时,应将"经营收入"、"其他收入"科目的余额转入本科目的贷方,借记"经营收入"、"其他收入"科目,贷记本科目;同时将"经营支出"、"管理费用"、"其他支出"科目的余额转入本科目的借方,借记本科目,贷记"经营支出"、"管理费用"、"其他支出"科目。"投资收益"科目的净收益转入本科目的贷方,借记"投资收益"科目,贷记本科目;如为投资净损失,转入本科目的借方,借记本科目,贷记"投资收益"科目。

三、年度终了,应将本年收入和支出相抵后结出的本年实现的净盈余,转入"盈余分配"科目,借记本科目,贷记"盈余分配—未分配盈余"科目;如为净亏损,作相反会计分录,结转后本科目应无余额。

332 盈余分配

一、本科目核算合作社当年盈余的分配(或亏损的弥补)和历年分配后的结存余额。本科目设置"各项分配"和"未分配盈余"两个二级科目。

二、合作社用盈余公积弥补亏损时,借记"盈余公积"科目,贷记本科目(未分配盈余)。

三、按规定提取盈余公积时,借记本科目(各项分配),贷记"盈余公积"等科目。

四、按交易量(额)向成员返还盈余时,借记本科目(各项分配),贷记"应付盈余返还"科目。

五、以合作社成员账户中记载的出资额和公积金份额,以及本社接受国家财政直接补助和他人捐赠形成的财产平均量化到成员的份额,按比例分配剩余盈余时,借记本科目(各项分配),贷记"应付剩余盈余"科目。

六、年终,合作社应将全年实现的盈余总额,自"本年盈余"科目转入本科目,借记"本年盈余"科目,贷记本科目(未分配盈余),如为净亏损,作相反会计分录。同时,将本科目下的"各项分配"明细科目的余额转入本科目"未分配盈余"明细科目,借记本科目(未分配盈余),贷记本科目(各项分配)。年度终了,本科目的"各项分配"明细科目应无余额,"未分配盈余"明细科目的贷方余额表示未分配的盈余,借方余额表示未弥补的亏损。

七、本科目应按盈余的用途设置明细科目,进行明细核算。

八、本科目余额为合作社历年积存的未分配盈余(或未弥补亏损)。

401 生产成本

一、本科目核算合作社直接组织生产或提供劳务服务所发生的各项生产费用和劳务服务成本。

二、合作社发生各项生产费用和劳务服务成本时,应按成本核算对象和成本项目分别归集,借记本科目,贷记"库存现金"、"银行存款"、"产品物资"、"应付工资"、"成员往来"、"应付款"等科目。

三、会计期间终了,合作社已经生产完成并已验收入库的产成品,按实际成本,借记"产品物资"科目,贷记本科目。

四、合作社提供劳务服务实现销售时,借记"经营支出"科目,贷记本科目。

五、本科目应按生产费用和劳务服务成本种类设置明细科目,进行明细核算。

六、本科目期末借方余额,反映合作社尚未生产完成的各项在产品和尚未完成的劳务服务成本。

501 经营收入

一、本科目核算合作社销售产品、提供劳务,以及为成员代购代销、向成员提供技术、信息服务等活动取得的收入。

二、合作社实现经营收入时,应按实际收到或应收的价款,借记"库存现金"、"银行存款"、"应收款"、"成员往来"等科目,贷记本科目。

三、本科目应按经营项目设置明细科目,进行明细核算。

四、年终,应将本科目的余额转入"本年盈余"科目的贷方,结转后本科目应无余额。

502 其他收入

一、本科目核算合作社除经营收入以外的其他收入。

二、合作社发生其他收入时,借记"库存现金"、"银行存款"等科目,贷记本科目。

三、本科目应按其他收入的来源设置明细科目,进行明细核算。

四、年终,应将本科目的余额转入"本年盈余"科目的贷方,结转后本科目应无余额。

511 投资收益

一、本科目核算合作社对外投资取得的收益或发生的损失。

二、合作社取得投资收益时,借记"库存现金"、"银行存款"等科目,贷记本科目;到期收回或转让对外投资时,按实际取得的价款,借记"库存现金"、"银行存款"等科目,按原账面余额,贷记"对外投资"科目,按实际取得价款和原账面余额的差额,借记或贷记本科目。

三、本科目应按投资项目设置明细科目,进行明细核算。

四、年终,应将本科目的余额转入"本年盈余"科目的贷方;如为净损失,转入"本年盈余"科目的借方,结转后本科目应无余额。

521 经营支出

一、本科目核算合作社因销售产品、提供劳务,以及为成员代购代销,向成员提供技术、信息服务等活动发生的支出。

二、合作社发生经营支出时,借记本科目,贷记"产品物资"、"生产成本"、"应付工资"、"成员往来"、"应付款"等科目。

三、本科目应按经营项目设置明细科目,进行明细核算。

四、年终,应将本科目的余额转入"本年盈余"科目的借方,结转后本科目应无余额。

522 管理费用

一、本科目核算合作社为组织和管理生产经营活动而发生的各项支出,包括合作社管理人员的工资、办公费、差旅费、管理用固定资产的折旧、业务招待费、无形资产摊销等。

二、合作社发生管理费用时,借记本科目,贷记"应付工资"、"库存现金"、"银行存款"、"累计折旧"、"无形资产"等科目。

三、本科目应按管理费用的项目设置明细科目,进行明细核算。

四、年终,应将本科目的余额转入"本年盈余"科目的借方,结转后本科目应无余额。

529 其他支出

一、本科目核算合作社发生的除"经营支出"、"管理费用"以外的其他各项支出,如农业资产死亡毁损支出、损失、固定资产及产品物资的盘亏、损失、罚款支出、利息支出、捐赠支出、无法收回的应收款项损失等。

二、合作社发生其他支出时,借记本科目,贷记"库存现金"、"银行存款"、"产品物资"、"累计折旧"、"应付款"、"固定资产清理"等科目。

三、本科目应按其他支出的项目设置明细科目,进行明细核算。

四、年终,应将本科目的余额转入"本年盈余"科目的借方,结转后本科目应无余额。

四、会计报表

(一)会计报表是反映合作社某一特定日期财务状况和某一会计期间经营成果的书面报告。合作社应按照规定准确、及时、完整地编制会计报表,向登记机关、农村经营管理部门和有关单位报送,并按时置备于办公地点,供成员查阅。

（二）合作社应编制资产负债表、盈余及盈余分配表、成员权益变动表、科目余额表和收支明细表、财务状况说明书等。

合作社应按登记机关规定的时限和要求,及时报送资产负债表、盈余及盈余分配表和成员权益变动表。

各级农村经营管理部门,应对所辖地区报送的合作社资产负债表、盈余及盈余分配表和成员权益变动表进行审查,然后逐级汇总上报,同时附送财务状况说明书,按规定时间报农业部。

（三）资产负债表、盈余及盈余分配表和成员权益变动表格式及编制说明如下,科目余额表和收支明细表的格式及编制说明由各省、自治区、直辖市财政部门和农村经营管理部门根据本制度进行规定。

资产负债表格式:

资产负债表

年 月 日

会农社 01 表

编制单位： 单位:元

资产	行次	年初数	年末数	负债及所有者权益	行次	年初数	年末数
流动资产:				流动负债:			
货币资金	1			短期借款	30		
应收款项	5			应付款项	31		
存货	6			应付工资	32		
流动资产合计	10			应付盈余返还	33		
				应付剩余盈余	35		
长期资产:				流动负债合计	36		
对外投资	11						
农业资产:							
牲畜(禽)资产	12			长期负债:			
林木资产	13			长期借款	40		
农业资产合计	15			专项应付款	41		
固定资产:				长期负债合计	42		
固定资产原值	16			负债合计	43		
减:累计折旧	17						
固定资产净值	20						
固定资产清理	21			所有者权益:			
在建工程	22			股金	44		
固定资产合计	25			专项基金	45		
				资本公积	46		

续表

资产	行次	年初数	年末数	负债及所有者权益	行次	年初数	年末数
其他资产:	27			盈余公积	47		
无形资产	28			未分配盈余	50		
长期资产合计	29			所有者权益合计	51		
资产总计				负债和所有者权益 总计	54		

补充资料：

项目	金额
无法收回、尚未批准核销的应收款项	
盘亏、毁损和报废、尚未批准核销的存货	
无法收回、尚未批准核销的对外投资	
死亡毁损、尚未批准核销的农业资产	
盘亏、毁损和报废、尚未批准核销的固定资产	
毁损和报废、尚未批准核销的在建工程	
注销和无效、尚未批准核销的无形资产	

资产负债表编制说明

1. 本表反映合作社一定日期全部资产、负债和所有者权益状况。

2. 本表"年初数"栏内各项数字,应根据上年末资产负债表"年末数"栏内所列数字填列。如果本年度资产负债表规定的各个项目的名称和内容同上年度不相一致,应对上年末资产负债表各项目的名称和数字按照本年度的规定进行调整,填入本表"年初数"栏内,并加以书面说明。

3. 本表"年末数"各项目的内容及其填列方法:

(1)"货币资金"项目,反映合作社库存现金、银行结算账户存款等货币资金的合计数。本项目应根据"库存现金"、"银行存款"科目的年末余额合计填列。

(2)"应收款项"项目,反映合作社应收而未收回和暂付的各种款项。本项目应根据"应收款"和"成员往来"各明细科目年末借方余额合计数合计填列。

(3)"存货"项目,反映合作社年末在库、在途和在加工中的各项存货的价值,包括各种材料、燃料、机械零配件、包装物、种子、化肥、农药、农产品、在产品、半成品、产成品等。本项目应根据"产品物资"、"受托代销商品"、"受托代购商品"、"委托加工物资"、"委托代销商品"、"生产成本"科目年末余额合计填列。

（4）"对外投资"项目，反映合作社的各种投资的账面余额。本项目应根据"对外投资"科目的年末余额填列。

（5）"牲畜（禽）资产"项目，反映合作社购入或培育的幼畜及育肥畜和产役畜的账面余额。本项目应根据"牲畜（禽）资产"科目的年末余额填列。

（6）"林木资产"项目，反映合作社购入或营造的林木的账面余额。本项目应根据"林木资产"科目的年末余额填列。

（7）"固定资产原值"项目和"累计折旧"项目，反映合作社各种固定资产原值及累计折旧。这两个项目应根据"固定资产"科目和"累计折旧"科目的年末余额填列。

（8）"固定资产清理"项目，反映合作社因出售、报废、毁损等原因转入清理但尚未清理完毕的固定资产的账面净值，以及固定资产清理过程中所发生的清理费用和变价收入等各项金额的差额。本项目应根据"固定资产清理"科目的年末借方余额填列；如为贷方余额，本项目数字应以"－"号表示。

（9）"在建工程"项目，反映合作社各项尚未完工或虽已完工但尚未办理竣工决算和交付使用的工程项目实际成本。本项目应根据"在建工程"科目的年末余额填列。

（10）"无形资产"项目，反映合作社持有的各项无形资产的账面余额。本项目应根据"无形资产"科目的年末余额填列。

（11）"短期借款"项目，反映合作社借入尚未归还的一年期以下（含一年）的借款。本项目应根据"短期借款"科目的年末余额填列。

（12）"应付款项"项目，反映合作社应付而未付及暂收的各种款项。本项目应根据"应付款"科目年末余额和"成员往来"各明细科目年末贷方余额合计数合计填列。

（13）"应付工资"项目，反映合作社已提取但尚未支付的人员工资。本项目应根据"应付工资"科目的年末余额填列。

（14）"应付盈余返还"项目，反映合作社按交易量（额）应支付但尚未支付给成员的可分配盈余返还。本项目应根据"应付盈余返还"科目的年末余额填列。

（15）"应付剩余盈余"项目，反映合作社以成员账户中记载的出资额和公积金份额，以及本社接受国家财政直接补助和他人捐赠形成的财产平均量化到本社成员的、应支付但尚未支付给成员的剩余盈余。本项目应根据"应付剩余盈余"科目的年末余额填列。

（16）"长期借款"项目，反映合作社借入尚未归还的一年期以上（不含一年）的借款。本项目应根据"长期借款"科目的年末余额填列。

（17）"专项应付款"项目，反映合作社实际收到国家财政直接补助而尚未使用和结转的资金数额。本项目应根据"专项应付款"科目的年末余额填列。

（18）"股金"项目，反映合作社实际收到成员投入的股金总额。本项目应根据"股金"科目的年末余额填列。

（19）"专项基金"项目，反映合作社通过国家财政直接补助转入和他人捐赠形成的专项基金总额。本项目应根据"专项基金"科目年末余额填列。

（20）"资本公积"项目，反映合作社资本公积的账面余额。本项目应根据"资本公积"科目的年末余额填列。

（21）"盈余公积"项目，反映合作社盈余公积的账面余额。本项目应根据"盈余公积"科目的年末余额填列。

（22）"未分配盈余"项目，反映合作社尚未分配的盈余。本项目应根据"本年盈余"科目和"盈余分配"科目的年末余额计算填列；未弥补的亏损，在本项目内数字以"－"号表示。

盈余及盈余分配表格式：

盈余及盈余分配表

_____年

会农社 02 表

编制单位：_____单位：元

项目	行次	金额	项目	行次	金额
本年盈余			盈余分配		
一、经营收入	1		四、本年盈余	16	
加：投资收益	2		加：年初未分配盈余	17	
减：经营支出	5		其他转入	18	
管理费用	6		五、可分配盈余	21	
二、经营收益	10		减：提取盈余公积	22	
加：其他收入	11		盈余返还	23	
减：其他支出	12		剩余盈余分配	24	
三、本年盈余	15				
			六、年末未分配盈余	28	

盈余及盈余分配表编制说明：

1. 本表反映合作社一定期间内实现盈余及其分配的实际情况。

2. 本表主要项目的内容及填列方法如下：

（1）"经营收入"项目，反映合作社进行生产、销售、服务、劳务等活动取得的收入总额。本项目应根据"经营收入"科目的发生额分析填列。

（2）"投资收益"项目，反映合作社以各种方式对外投资所取得的收益。本项目应根据"投资收益"科目的发生额分析填列；如为投资损失，以"－"号填列。

（3）"经营支出"项目，反映合作社进行生产、销售、服务、劳务等活动发生的支出。本项目应根据"经营支出"科目的发生额分析填列。

（4）"管理费用"项目，反映合作社为组织和管理生产经营服务活动而发生的费用。本项目应根据"管理费用"科目的发生额分析填列。

（5）"其他收入"项目和"其他支出"项目，反映合作社除从事主要生产经营活动以外而取得的收入和支出，本项目应根据"其他收入"和"其他支出"科目的发生额分析填列。

（6）"本年盈余"项目，反映合作社本年实现的盈余总额。如为亏损总额，本项目数字以"－"号填列。

（7）"年初未分配盈余"项目，反映合作社上年度未分配的盈余。本项目应根据上年度盈余及盈余分配表中的"年末未分配盈余"数额填列。

（8）"其他转入"项目，反映合作社按规定用公积金弥补亏损等转入的数额。本项目应根据实际转入的公积金数额填列。

（9）"可分配盈余"项目，反映合作社年末可供分配的盈余总额。本项目应根据"本年盈余"项目、"年初未分配盈余"项目和"其他转入"项目的合计数填列。

（10）"提取盈余公积"项目，反映合作社按规定提取的盈余公积数额。本项目应根据实际提取的盈余公积数额填列。

（11）"盈余返还"项目，反映按交易量（额）应返还给成员的盈余。本项目应根据"盈余分配"科目的发生额分析填列。

（12）"剩余盈余分配"项目，反映按规定应分配给成员的剩余可分配盈余。本项目应根据"盈余分配"科目的发生额分析填列。

（13）"年末未分配盈余"项目，反映合作社年末累计未分配的盈余。如为未弥补的亏损，本项目数字以"－"号填列。本项目应根据"可分配盈余"项目扣除各项分配数额的差额填列。

成员权益变动表格式：

成员权益变动表

＿＿＿＿＿＿年

会农社 03 表

编制单位：＿＿＿＿＿＿＿＿＿＿ 单位：元

项目	股金		专项基金		资本公积		盈余公积		未分配盈余		合计
年初余额											
本年增加数											
	其中：		其中：		其中：		其中：				
	资本公积转赠		国家财政直接补助		股金溢价		从盈余中提取				
	盈余公积转赠		接受捐赠转入		资产评估增值						
	成员增加出资										
本年减少数											
									其中：		
									按交易量(额)分配的盈余：		
									剩余盈余分配		
年末余额											

成员权益变动表编制说明：

（1）本表反映合作社报告年度成员权益增减变动的情况。

（2）本表各项目应根据"股金"、"专项基金"、"资本公积"、"盈余公积"、"盈余分配"科目的发生额分析填列。

（3）未分配盈余的本年增加数是指本年实现盈余数（净亏损以"－"号填列）。

成员账户

成员姓名:＿＿＿＿＿＿　联系地址:＿＿＿＿＿＿　　第页

编号	年		摘要	成员出资	公积金份额	形成财产的财政补助资金量化份额	捐赠财产量化份额	交易量		交易额		盈余返还金额	剩余盈余返还金额
	月	日						产品1	产品2	产品1	产品2		
1													
2													
3													
4													
5													
年终合计				公积金总额:					盈余返还总额:				

成员账户编制说明

（1）本表反映合作社成员入社的出资额、量化到成员的公积金份额、成员与本社的交易量（额）以及返还给成员的盈余和剩余盈余金额。

（2）年初将上年各项公积金数额转入,本年发生公积金份额变化时,按实际发生变化数填列调整。"形成财产的财政补助资金量化份额"、"捐赠财产量化份额"在年度终了,或合作社进行剩余盈余分配时,根据实际发生情况或变化情况计算填列调整。

（3）成员与合作社发生经济业务往来时,"交易量（额）"按实际发生数填列。

（4）年度终了,以"成员出资"、"公积金份额"、"形成财产的财政补助资金量化份额"、"捐赠财产量化份额"合计数汇总成员应享有的合作社公积金份额,以"盈余返还金额"和"剩余盈余返还金额"合计数汇总成员全年盈余返还总额。

（四）财务状况说明书

财务状况说明书是对合作社一定会计期间生产经营、提供劳务服务以及财务、成本情况进行分析说明的书面文字报告。合作社应于年末编制财务状况说明书,对年度内财务状况做出书面分析报告,进行全面系统的分析说明。财务状况说明书没有统一的格式,但其内容至少应涵盖以下几个方面:

1.合作社生产经营服务的基本情况

包括：合作社的股金总额、成员总数、农民成员数及所占的比例、主要服务对象、主要经营项目等情况。

2.成员权益结构

（1）理事长、理事、执行监事、监事会成员名单及变动情况；

（2）各成员的出资额，量化为各成员的公积金份额，以及成员入社和退社情况；

（3）企事业单位或社会团体成员个数及所占的比例；

（4）成员权益变动情况。

3.其他重要事项

（1）变更主要经营项目；

（2）从事的进出口贸易；

（3）重大财产处理、大额举债、对外投资和担保；

（4）接受捐赠；

（5）国家财政支持和税收优惠；

（6）与成员的交易量（额）和与利用其提供的服务的非成员的交易量（额）；

（7）提取盈余公积的比例；

（8）盈余分配方案、亏损处理方案；

（9）未决诉讼、仲裁。

五、会计凭证、会计账簿和会计档案

（一）会计凭证是记载经济业务发生、明确经济责任的书面文件，是记账的依据。合作社每发生一项经济业务，都要取得原始凭证，并据以编制记账凭证。各种原始凭证必须具备：凭证名称、填制日期、填制凭证单位名称或者填制人姓名、经办人员的签名或者盖章、接受凭证单位名称、经济业务内容、数量单价金额。记账凭证必须具备：填制日期、凭证编号、经济业务摘要、会计科目、金额、所附原始凭证张数等，并须由填制和审核人员签名盖章。

（二）所有会计凭证都要按规定手续和时间送会计人员审核处理。填制有误和不符合要求的会计凭证，应要求修正和重填。无效、不合法和不符合财务制度规定的凭证，不能作为收付款项、办理财务手续和记账的依据。会计人员应根据审核无误的原始凭证，填制记账凭证，并据以登记账簿。记账凭证可以根据每一原始凭证单独填制，也可以根据原始凭证汇总表填制。一定时期终了，应将已经登记过账簿的原始凭证和记账凭证，分类装订成册，妥善保管。

（三）会计账簿是记录经济业务的簿籍，是编制会计报表的依据。合作社应设置现金日记账和银行存款日记账、总分类账和各种必要的明细分类账。

现金日记账和银行存款日记账，应由出纳人员根据收、付款凭证，按有关经济业务完成时间的先后顺序进行登记，一律采用订本账。总分类账按照总账科目设置，对全部经济业务进行总括分类登记；明细分类账按明细科目设置，对有关经济业务进行明细分类登记。总分类账可用订本账或活页账；明细分类账可用活页账或卡片账。

对于不能在日记账和分类账中记录的，而又需要查考的经济事项，合作社必须另设备查账簿进行账外登记。

（四）合作社所使用的各种会计凭证和会计账簿的内容和格式，应符合《中华人民共和国会计法》、《会计基础工作规范》（财会字 [1996]19 号）和《会计档案管理办法》（财会字 [1998]32 号）等规定。

（五）账簿登记要做到数字正确、摘要清楚、登记及时。各种账簿的记录，应定期核对，做到账证相符、账实相符、账款相符、账账相符和账表相符。

（六）启用新账，必须填写账簿启用表，并编制目录。旧账结清后，要及时整理，装订成册，归档保管。

（七）合作社的会计档案包括经济合同或协议，各项财务计划及盈余分配方案，各种会计凭证、会计账簿和会计报表、会计人员交接清单、会计档案销毁清单等。

（八）合作社要按照《会计档案管理办法》（财会字 [1998]32 号）的规定，加强对会计档案的管理。建立会计档案室（柜），实行统一管理，专人负责，做到完整无缺、存放有序、方便查找。

参考文献

[1] 李瑞芬．农民专业合作社工作手册 [M]．北京：金盾出版社．

[2] 李颖，陈天宝．农民专业合作社读本 [M]．北京：中国人口出版社．

[3] 陈桂金，陈晶，焦伯臣，赵玉梅．农民专业合作社知识读本 [M]．北京：中国农业科学技术出版社．

[4] 何忠伟，曹暕，罗永华．我国农业补贴政策速查手册 [M]．北京：金盾出版社．

[5] 宗义湘．农民专业合作社管理与实务 [M]．北京：金盾出版社．

[6] 王平．农业专业合作组织与农产品行业协会的异同 [J]．农民致富之友，2003，08.

[7] 肖梅．农民专业合作组织示范项目申报实施及验收流程简介 [J]．中国农民合作社，2011，(7)．

[8] 杨群义．农民专业合作社开展内部资金互助服务主要做法、存在问题与建议 [J]．江苏商业会计，2013，(2)．